ぶらりあるき
ビルマ見たまま

ウイリアムス春美 著

芙蓉書房出版

シュエダゴォン・パヤー（ヤンゴン）

アーナンダ寺院（バガン）

シュエダゴォン・パヤーの内部（ヤンゴン）

スタウピン・パヤー（マンダレーヒル）

バガンの日没

マンダレーの日没

夜の金の岩（ゴールデンロック）

スーレー・パヤーの前にあるモスク（ヤンゴン）

月夜に浮かぶスーレー・パヤー（ヤンゴン）

日本人墓地の門
(ヤンゴン)

日本人墓地の慰霊碑
(ヤンゴン)

中村一雄さんが建てた学校（キンウー）

托鉢の僧（バガン）

托鉢の子ども僧（バガン）

仏像の前で祈る（シュエダゴォン・パヤー）

金の岩に向かって祈る女性

得度式のため寺院へ向かう行列

親類から近所の人までみんなで送り出す

得度式に向かう少年

仲良し

おいしい?

毎日いっしょ

自慢の娘

学校が終わって

聖人ボー・ミン・ガウン

ビルマの伝統舞踊

ビルマの竪琴

まえがき

いつだったか、五、六人のお坊さんが並んで腰を屈め、「金の岩（ゴールデンロック）」に向かってお祈りをしている写真を見たことがあった。それは本当に不思議な写真だった。というのは、「金の岩」はもう少しで落ちそうなのに、落ちないでうまくバランスをとっているのだ。この地球上でこんなことがありうるのかと信じられなかった。しばらくしてその写真はビルマの国でとられたということがわかり、ますます不思議に思えてきた。

なぜビルマ？

私はもちろんビルマに行ったことがなかったし、ビルマ人の友達や知人もいなかった。私には全く関わりのない国だった。

私が大学生になった一九五七年頃、「ビルマの竪琴」という映画が大変評判になっていた。なぜか私はその映画に夢中になり、本も読んだ。映画の中で奏でられたビルマの竪琴の音が忘れられなかった。それと、ビルマに残ることに決め、竪琴を肩にかついで岸辺に立ち、だんだん小さくなっていく水島上等兵の姿も忘れられなかった。そして、帰国を待つ兵隊たちによって歌い続けられる数々の日本の歌……。こんなに美しく、悲しく、日本人を意識させるストーリーは他になかった。

いつか、そんなストーリーを生み出したビルマという国に行ってみたい。ビルマ人は本当にあのお話の中のような家に住み、人々は清らかな眸《ひとみ》を持っているのかしら。もしかしたら水島上等兵にめぐり会えるかもしれない。

そんな気持をずっと胸の奥に抱えながら大人になり、結婚もし、二人の子供もしっかり成長し、独立した。その後もいつか機会があったら、ビルマという国を訪れ、あの「金の岩」を見、あの写真の中のお坊さんのようにお祈りをし、そうしているうちに水島上等兵に会えるかもしれないと思うようになった。

長い人生の間に訪れる機会は何度かあったが、不思議に計画を立てるとビルマに内戦がおこり、旅はキャンセルされた。訪れるのが非常に難しい国ということになり、半ばあきらめかけていた。ところが、サンフランシスコで日本語を教えていた妹の生徒の一人がビルマ人で、その人が里帰りをするから一緒に行きましょうと妹から誘いがあった。二〇〇三年のことである。

私は躊躇なく彼女についていくことにした。胸を期待でふくらませ、行くには行った。しかし、充分満足という旅にはならなかった。水島上等兵らしき人には会えなかったし、「金の岩」にも行けなかったからだ。「金の岩」の近辺にまだ紛争が残っていて、観光客が行くのは危険だということだった。

あれから十年もたってしまった。今回行くことにしたのは、「金の岩」に確実に行けることを確かめたからである。ビルマの事情が激変したのだ。クーデターや暴動の危険はなくなり、政府が観光客に門戸を広げる政策に切り替えたので、ビザもたやすく取れた。四度目の挑戦でやっと私の夢がかなえられたのだから、こんなうれしいことはない。

この本の出版にあたり、私の友人のディキンソン孝子さんが何度も読み返して下さり、ご指導下さった。また出版を引き受けて下さった芙蓉書房出版の平澤公裕社長、奈良部桂子さんに感謝致します。

❖三月のビルマの土は乾ききり

❖顔の皺春風ふく度物語る

ぶらりあるきビルマ見たまま●目次

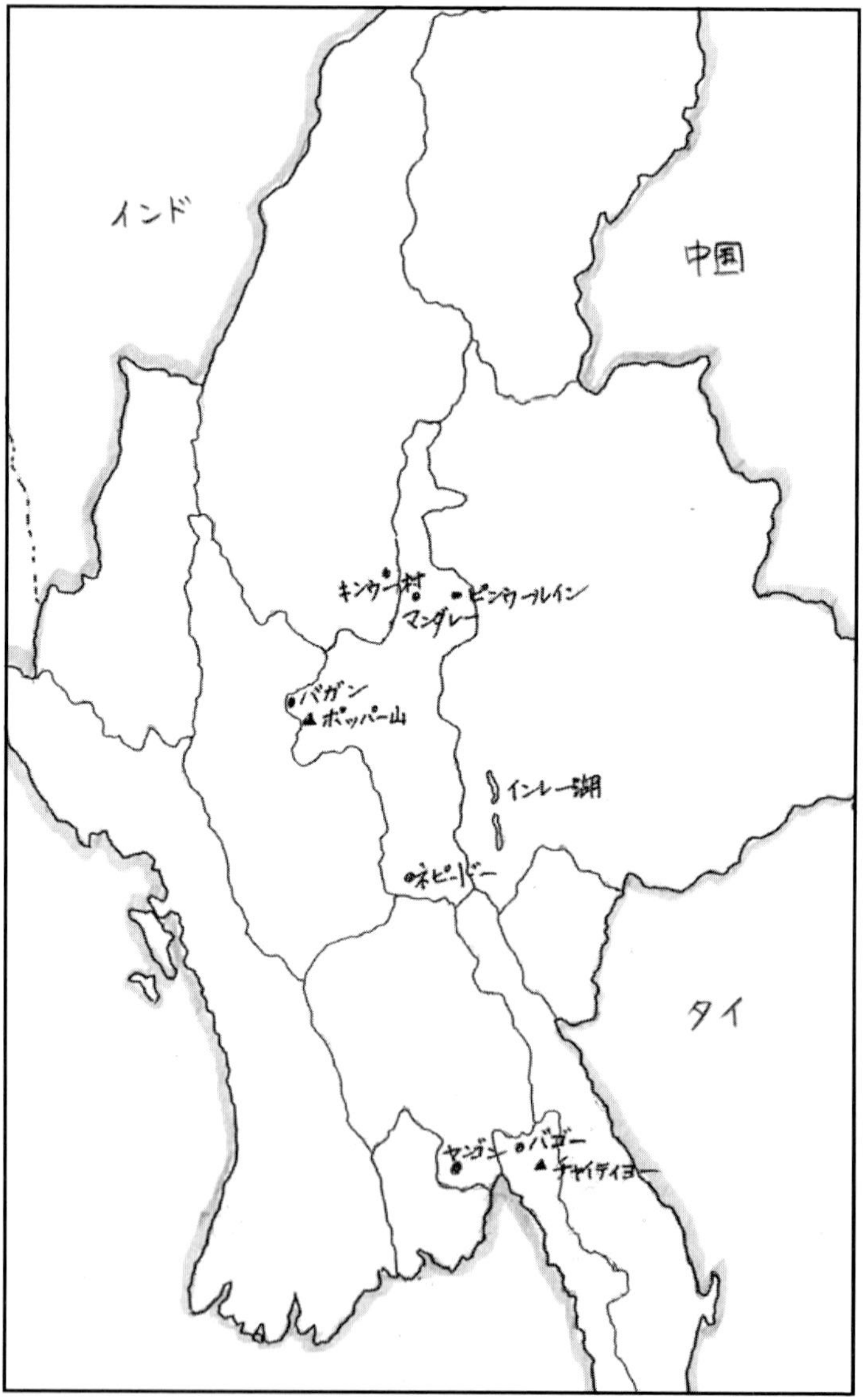
インド
中国
キンウー村
ピンウールイン
マンダレー
バガン
ポッパー山
インレー湖
ネピードー
タイ
ヤンゴン
バゴー
チャイティヨー

十年ぶりのミャンマーへ

サクラタワーの屋上からヤンゴン市内を望む

アメリカのビルマ人

二〇〇三年の一回目のビルマ行きを誘ってくれたビルマ人のヤスミンは日本語が堪能だった。彼女は、私の妹から日本語を習い、普通の会話は難なく日本語でかわせるほどになった。それからは、コンサート、旅行と、ヤスミンと私の妹は社交生活を共にするようになった。ヤスミンは日本の文化にも興味を持ち、深い理解者でもあった。

ヤスミンが日本語を学ぶきっかけは失恋だった。二十代の頃日本人の男性とつきあっていたが、その男性にふられたのだ。それで彼を見返してやろうと思い、日本語を勉強することにした。その時の先生が私の妹だったのだ。

ヤスミンがアメリカに来たのは十五歳の時。一九八八年、ビルマでは、選挙によって民主国家になりかけたのに、軍隊のクーデターが起きた。クーデターによって政権を取った軍部は、選挙によって選ばれた人々を殺すか監禁するかしたのである。政府の役人だったヤスミンのお父さんは危険を感じ、いち早く国を出る手はずを整えた。その時以来アメリカに政治亡命するビルマ人は増え続けていった。

このような亡命者の多くは、自国を「ミャンマー」と呼ぶことを拒んで、今でも「ビルマ」

と呼んでいる。軍事政権になってから、イギリス人が植民地時代に使っていたビルマという国名をミャンマーと変えたからである。イギリス人がビルマと呼ぶようになったのは、平野部を統治していたバーマー人と戦い、勝利したイギリスが、そこをバーマー（Burma 日本流に発音するとビルマ）と呼ぶようになったからである。

ヤスミンの家族のようにアメリカに渡ってきた政治的亡命者や避難民は八百万人にも及ぶという。避難民の中には優秀な人が多い。概して、教育があり財力もあった。そして、地位や権力のあるアメリカ人と知り合いであったりもした。それに、当時のビルマの高官はイギリス植民地時代からの教育制度の影響もあり、英語も堪能だったので、アメリカに渡っても、さほど苦労もせずアメリカ社会になじむことができたのだろう。

ヤスミンもアメリカに違和感なく溶け込み、高校、大学に進むことができた。大学ではコンピューターを専攻し、卒業してからザイリンクスというアメリカのコンピューター会社に入り、アメリカ人に負けず良い成績を上げていた。バブル時代には、日本語ができることから日本関係の仕事一切をまかせられるようになった。日本との交渉は、会話はもちろん、メールのやりとりもすべて日本語だった。日本には行ったことがないのに、日本人に劣らぬほど日本語が堪能だったから、先生である私の妹は舌をまいたという。

しかしバブルがはじけた後、日本への輸出が減り、日本関係の仕事も減ってしまい、ヤスミンは解雇されてしまった。それから二、三年失業の期間があったが、ソニーの会社に好条件で雇われることになり、時々日本にも出張していた。ヤスミンは決して落胆などしない人だった。

アメリカに渡ったビルマ人は、教養があり、英語も堪能な人が多く、すぐにアメリカの社会で仕事を見つけ、生き延びることができた。中でもビルマ人の寿司職人の存在には驚いた。私がアメリカに渡った一九七六年当時はそれほどでもなかったが、そのうちスーパーマーケットに寿司が並ぶようになった。最初は、あったりなかったりだったが、だんだん毎日見かけるようになった。聞いてみると、この寿司を握り、スーパーマーケットに毎日配達するのはビルマ人だということだった。

二〇一一年九月、若くて有望なプロフェッショナルをホワイトハウスに招待するという行事があった。そこに寿司の好きなオバマ大統領夫人の推薦でひとりの寿司職人が招待された。彼はビルマ人だった。フィリップ・マウングさんだ。

一九九八年のビルマ大政変後、軍事政権は少数民族を国から追い出す政策を次々と打ち出した。当時医学生だったマウングさんは、中国系ビルマ人だったので、大学からも国からも追われアメリカに渡った。マウングさんはカリフォルニアにある寿司学校に通い、寿司屋で最初は見習いとして働き、しばらくして独立した。マウングさんの寿司屋はだんだん規模が大きくなり、今ではアメリカ全土に二十四の寿司レストランを持つようになった。もしかしたら、マウングさんたちが寿司をアメリカのスーパーマーケットに紹介し、アメリカの寿司ブームのきっかけをつくったのかもしれない。

一緒にビルマに行くことになったヤスミンもそういった優秀な渡米ビルマ人の一人だった。ヤスミンのいわば里帰りだったので、彼女の親戚に大勢会うことができた。私の第一の目的は、

「ビルマの竪琴」の主人公水島上等兵のような人、つまり戦争が終わっても日本に帰らず戦死した日本兵の菩提を弔うことに我が身を捧げるような無私の日本人を見つけることだった。そして、音楽好きの私は、ビルマの竪琴の音色を現地で聴いてみたかった。

残念ながらヤスミンの周辺には「水島上等兵」はいなかった。当時はまだ軍事政権の勢いが強く、観光客は非常に少なかった。もちろん日本人は一人も見当たらなかった。会うことができたのはヤスミンの親戚のビルマ人ばかりであったが、ビルマの竪琴は見つけた。そして、竪琴を手に入れアメリカまで持ち帰ることもできた。しかし「金の岩」に行くことはできず、それが心残りの旅となった。

せっかくビルマの竪琴を手に入れたものの、さわるのもこわいくらいで、居間に飾って毎日ながめていたのだが、生の音を聴いてみたいし、せめて自分で音を合わせるぐらいはできるようになりたい、という思いがつのっていった。しかし、アメリカでビルマの竪琴が弾ける人など自分のまわりでは聞いたこともなかったので、ヤスミンに相談した。

ヤスミンは大家族だ。両親と兄弟、姉、両親の親戚、甥、姪、そして友達、友達の友達……。数られないほどの人々がアメリカばかりではなく世界中に散らばっている。ヤスミンは知りうる限りの人に「ビルマの竪琴の先生」をさがしてくれるように頼んでくれた。そしてついに見つけてくれた。しかもその人はバージニアにいた。私の家から三十分たらずのところである。さっそく訪ねることにした。もう八十歳近いウー・タン・トンさんだ。ウーはミスターという意味。

タン・トンさんは私の訪問を歓迎してくれ、私の竪琴を手に取り、言った。

「これはいいものだ。本物だよ。これは演奏できるくらい良い造りのものだよ。そのまま置いておくのはもったいない。ワタシが教えてあげるから、是非とも弾けるようになってほしいな」

そして自分の竪琴を出してきた。ずっと使い込んできた年代物のようだ。

「これはワタシが大事にしているものです。音はいいよ。ちょっと弾いてあげる。アメリカにはビルマの竪琴を弾ける人は誰もいない。ワタシ一人ですよ」

ポロンポロンと弾き始めると、あの甘いなめらかな音が……。

こんな風にして私のビルマの竪琴のレッスンが始まった。一週間に一度、私が彼の家に行く。一ヶ月、二ヶ月と瞬く間に過ぎていった。私もだんだん音が一人で合わせられるようになってきた。

「さあ、もう音も合わせられるようになったのだから、ビルマの音楽も学ばなければね」

タン・トンさんは、難しいビルマのメロディを手ほどきしてくれた。

レッスンは三ヶ月目に入っていたが、私が日本へ里帰りする時期が近くなってきた。私はなるべく一年に一度は里帰りしたいと思っていたので、しばらくレッスンはお休みにしてもらいたいと言った。

「そうかー、日本へ行くのかー。そしたらお願いがあるんだけど……」

その言葉を聞いてドキンとした。

「日本へ行ったら日本刀を買ってきてもらいたいんだよ。実はワタシは第二次世界大戦の時、日本人の将校と一緒に働いていたんだよ。戦況は最初は良かったんだが、日本が負けて、その将校が日本へ帰る時、日本刀をくれたんだ。立派なものでねえ。ワタシはそれを家の宝物にして大事に持っていたんだよ。その後ビルマに政変があって、ワタシの家族はアメリカに来たけれど、これからワタシの身に何が起きるか不安だったからその宝物を息子にあげたんだ。息子はもちろん喜んだ。今は息子の家の宝物になっているけれど、アメリカに移って、こんな平和な安心した生活をしていると、あの日本刀が欲しくなってねえ。それで息子に返してくれと頼んだんだが、息子はノーって言うんだよ。仕方がないねえ。一度あげたんだから。それで、アンタにお願いがある。日本に行ったら何とか日本刀を買ってきてくれないか」

それまで、授業料はいらないと言われていたが、私はタダで教わっていいものかと迷っていた。無料のレッスンの代償はこれだったのかと察した。

里帰りした私は本気で日本刀をさがした。すぐに見つかったが、その値段のなんと高いこと。とても私の手の届くような金額ではなかった。ものになりそうもない私の竪琴レッスン代になどとてもできなかった。結局、竪琴のレッスンは短期間で終わることになってしまった。

❖秋めきてビルマの竪琴鳴り響き
❖春の川乾ききっても子等遊ぶ

新しいヤンゴン（ラングーン）

ヤスミンの里帰りに便乗してビルマを訪れてから十年たった二〇一三年、今度は一人でビルマを訪れることになった。見知らぬ国へ伝手《つて》もなく行くのはちょっと不安であった。そこで、「何か自分にできることがあったら言ってちょうだい」というヤスミンの親切な言葉に甘えて、旅行会社の人を知っていたら紹介してもらいたいと頼んだ。

「もちろん！　私の親戚で旅行会社を始めたいと言っている人がいるから、その人に頼んであげるね」

ということで、甥にあたるフィオスという人を紹介してくれた。ヤスミンの親戚は世界中にいる。

話はとんとん拍子に進み、私はワシントンを出発した。

ヤンゴンエアポートに着いて驚いた。十年前の面影はみじんもない。どこを見ても、ガラス素材をふんだんに使った近代建築のエアポートだ。どの先進国のエアポートにもおとらず、スムーズにすべてが運び、あっという間に外に出ることができた。

十年前のエアポートはうす暗く、埃っぽく、どこもかしこも人、人、人で埋まっていた。し

夜のヤンゴン。道はたちまち小さなレストランに早変わり

日本の電化製品の店は人気がある

ヤンゴン市内で見かける自家製発電機

かしその時は、ヤスミンのおかげで妹と私はＶＩＰの扱いを受け、「どうぞこちらへ」と人のいないところに導かれ、外にはお迎えの車が待っているという具合で、エアポートにひしめく人々に申し訳ない気持だった。今回は、長い行列などどこにもなく、実にスムーズに外に出ることができたので拍子抜けしたくらいだった。

外に出るとすぐ、「十ドル！　十ドル！」とタクシーの客引きが近づいてきて、待つことなくエアポートから出ることができた。

エアポートから街の中心地までは十ドルというのは前から聞いていたので、他の発展途上国へ行くと時々やるような値段の交渉もしなくてすんだ。静かにタクシーの客になれたので、心底ほっとした。十年前は、どんな物でも交渉しないと最終的な値段は決まらなかったので、なれていない私にとってはとても大変だった。

タクシーの運転手は車が走り出すと、気安く話しかけてきた。

「日本人ですか？」と聞く。「まあね」と答えると、「日本人にしては英語が上手ですね」とお世辞を言うのも忘れない。

「あなたは日本人をよく乗せるんですか？」

「ええ、よく乗せますよ。どうですか？　ヤンゴンの市内観光」

ヤスミンから紹介されたフィオスという人を訪ねることになっているが、日本人になれているこの運転手に頼むのも悪くないかもしれない。

「あなたは英語が上手ですね。どこで勉強したんですか？」

カラウエイパレスレストランはガンドージ湖に浮かぶ、鳥の形をしたレストラン。民族舞踊のショーが見られる

ヤンゴン郊外のインヤー湖畔。音楽を演奏したり話し込んだり、若いカップルが多いのが目立つ

「餅米」の祭りでレストランへ来る客に試食を勧めている

「まだまだ駄目ですけどね。自分で一生懸命勉強したんですよ」

「そうですか。英語ができると仕事もたやすく見つかりますか？」

「そりゃそうですよ。私は実は公務員だったんです。でも公務員だとほんとに稼げない。私は結婚して子供が二人もいるんです。とても生活できない。だから公務員の仕事を辞めてタクシーの運転手になったんです」

「タクシー運転手の方がたくさん稼げますか？」

「そりゃ稼げますよ。今は少なくても公務員の時の倍は稼いでいます。英語ができるというのは強いですよ。私が仮にタクシーの運転手を辞めて普通の会社で働くとしたら、給料は英語の話せない人の倍ですからね。だから今でも英語は毎日かかさず勉強してます」

「えらいですねえ」

そんな話をしているうらに大きなホテルに着いた。すぐにそこではないと気づいた。

「ここじゃないんですけど……、タマダホテルなんですけど……」

「ああ、タマダホテル？　隣です。ほとんどの日本人はここに泊りますので、てっきりここだと勘違いした……」

「そう、でも私は貧乏日本人なんです。ですから、隣のタマダホテルなんです」

運転手はすぐ納得して方向転換した。私が予約しておいたタマダホテルはその大きなホテルの道路をはさんだ隣にあった。比べるといかにもみすぼらしい。

「もしビルマを観光するなら連絡して下さい。マンダレーや、バガンの方にも手配できます。

英語のできる運転手を見つけてあげます」

そう言って、タクシーの運転手は名刺を渡して行ってしまった。

タマダホテルは、自分でアメリカからインターネットを通して予約した。他のホテルがなかなか反応してこないのに、このホテルだけはてきぱきとやってくれたのが印象的だった。

フロントに着いて驚いた。何と十年前にヤスミンと一緒に来た時に泊ったホテルだった！十年前はヤスミンが予約を取ってくれたので、名前や電話番号に全然覚えがなかった。偶然同じホテルを予約していたのだ。

十年前には隣の大きなホテルはなかった。当時はホテルも少なく、このタマダホテルをやっと取ってもらったのだ。あの時は小さいともみすぼらしいとも思わず、素敵なホテルだという印象だった。何もかも昔のままだったので、それも驚きだった。もちろんホテルの人たちは私を覚えているはずもない。当時は三ツ星ホテルのはずだったが、今は二つ星にさがっている。それだけ近代的なホテルがいくつも建ったということなのだろう。

ホテル代に含まれている朝食は、ホテルに隣接しているカフェで取る。一日二十四時間、一年三六五日オープンというカフェで、若者に人気があり、名前も「スリー・シックス・ファイブ」という。

「日本食ですか、洋食ですか」と聞かれたのでびっくりした。「日本食をお願いします」と言ったら、本当に日本食が出て来た。おいしい白いご飯にお味噌汁。焼き魚にサラダに味付け海苔。まさに日本人の朝食である。

とにかく高層ビルがたくさん建っている。十年前は緑が多く、緑の中にホテルや人家が点在しているような感じだったので、ここが首都とは信じられなかった。ヤンゴンの町の中心にあるスーレー・パヤーの仏塔はどこからでも見えたのに、今は高いビルが建ち並び、見失うこともある。

ホテルの近くに「サクラタワー」という高層ビルが建っている。東京にたくさんある高層ビルと全く変わらない。それもそのはず、建てたのは日本の建築会社なのだから。外見は東京のビルと同じような近代建築だ。十八階建ての「サクラタワー」から眺める景色はすばらしい。特に夜景は絶景だ。すぐ目の前にシュエダゴォン・パヤーが金色に輝いて見える。そこからは町全体の高層ビルが見える。スポーツのためのスタジアムも見える。それも前に来た時にはなかったものだ。

サクラタワーという名がついているので、最上階のレストランも日本食のレストランではと期待して行ったのだが、予想ははずれ、ビストロと名のついたヨーロッパ風のレストランだった。それでもヤンゴンの夜の街を見下ろしながらの食事は格別だった。

ホテルに着いた翌日、さっそくヤスミンの甥のフィオスに電話した。喜んで会ってくれるということなので一安心したのだが、彼は本当に忙しくしているので申し訳ないくらいだった。彼の秘書の若い女性がホテルまで迎えにきて、フィオスのオフィスに連れていってくれた。

「ごめん、ごめん。ボクが迎えに行けなくて。今ヤンゴンにオフィスを持ちたいという日本の

泊まったホテルの近くで見かけた日本人の小さなお店。美容院だった

サクラタワー

スーレー・パヤー。一昔前までは一番高い建物でどこからでも見えた

起業家と会ってきましてね、いろいろ仲介に立ってあげているのです」

二〇一一年の開放政策によってさまざまな国からビルマで会社を起こしたいという依頼が多いらしい。

「ボク自身、なにか会社を起したいと考えているのですが、他の人の世話までしているので大変なのです。忙しくて、忙しくて」

「商売繁盛でいいじゃないですか」

「そりゃいいに決まってますけど、ヤンゴンも土地が高くてね、思うようになりませんよ」

私が描いていたフィオスとはイメージが違うようだ。土地が高いとか、人の世話をしているとか、忙しくやりきれないとか、旅行会社とは何の関係もなさそうだ。

「やります、やります。ヤスミンに頼まれましたからね。でも実は旅行会社もやりたいことの一つなんです」

「えっ、これから始めるんですか？」

「ええ、まあ、実はボクもヤンゴンに来たばかりで、五月にオフィスを開いたばかりで……」

「えっ、じゃ今までどこで何をしていたんですか？」

「実は、ボクはビルマ人ですけどね、今までマレーシアにいたんです。ビルマは軍事政権でしたから、何もできませんでした。ですから、高校を終えるとすぐマレーシアに行ってそこの大学に入り、そのまま居残って商売を始めたんです。友達と二人で」

「へー、マレーシアでそんなに簡単に仕事が始められるんですか？」

「簡単ですよ。うまくいってました」

マレーシアには私も一九七〇年頃、二年間住んでいたことがある。あの頃はマレーシア人以外の民族の排斥運動が起っていた。特に中国系の住民にはひどく、財産を取り上げ、国外に追放するような政策をとっていたことがある。フィオスは中国系ではなく、イスラム系のビルマ人なのだが、そんな彼にそれほど寛容だったとは思えなかった。

「それで、マレーシアには何年？」

「そうですね、延べ七年くらいかなあ。最初はシンガポールで始めたんですけどね。シンガポールの方が難しい。それでマレーシアに戻ってきたんです」

「マレーシアの方が仕事が見つけやすい？」

「そうですね。ボクにとっては簡単でした。でもそのうち、自分の国のビルマでも開放政策が始まったと聞いて、ここでも試してみようと思いまして」

「じゃ、マレーシアでの仕事は？　もう閉めてきたんですか？」

「いや、いや、それはそれで人に頼んできたんです」

「そうですか。それは大変ですね。あちらの仕事も監督しなければならず、こちらも新しく始めるなんて、あなたはビジネスの才能があるんですね」

「いや、いや、ここは思ったより大変です。土地代が高い。実はボクと一緒にやるつもりで来た友達が、自分はできないと言ってマレーシアへ帰ってしまったんですよ、つい二、三日前。でもボクはもう少し頑張ってみたいんだ。何となく先が見えてきたように感じる。土地はあがっているけど、そのためにもうけている人もいるし。ボクももうけさせてもらった一人なんですよ。つい一年前に叔父にすすめられて買った建物があるんですが、一年の間に八倍になったんです。八倍ですよ。その儲けたお金で土地を買いたいんだが、とても高くて買えない」

「もしかして、私の旅行の計画をお願いするなんて、ちょっと無理なのでは？」とおそるおそる聞いてみた。フィオスの会社には旅行会社の雰囲気は全然ない。

「大丈夫、大丈夫。できます、できます。でも一晩考えさせてください。タクシーの運転手も見つけなければならないし、車も借りなければならない」

不安な気持がよぎった。本当に大丈夫なのかしら?

フィオスの旅行会社はまだできていなかったのだ。だから専用の車もなければ運転手もいない。そのつど、必要になれば借りるというやり方らしい。一応、ビルマ内で行きたいと思うところをリストにして、それを渡して帰ってきた。フィオスはまだ三十一歳の若さ。それなのにいろいろなことを手掛けているという後ろ姿は頼もしくもあった。

❖三月の風迎へけり新ビルマ
❖春嵐鳥迷ひ込み新オフィス
❖鳥帰る故郷にみし新息吹

ヤンゴンの環状線電車

ヤンゴンでの観光の目玉はもちろんシュエダゴォン・パヤーで、そこだけは十年前と同じように参拝者が後をたたない。

シュエダゴォン・パヤーはどうしてそこに建てられたのか、まるでおとぎ話である。

時は二千五百年前。仏陀が入滅する以前の話なのだ。ヤンゴン付近の二人の兄弟商人が仏陀が悟りを開いた地ブダガヤに立寄り、仏陀に会い、教えを乞うた。仏陀は二人に自分の髪の毛八本を切ってあげたという。二人はそれを大切に持ち帰り、髪の毛は大切に宝石箱の中にしまい、その宝石箱を納めるお寺を建立した。商人の二人はもしかしたらモン族だったかもしれない。というのは、その地にはもともとモン族のお寺があって、それがシュエダゴォン・パヤーの基になったというのだ。それから二千五百年の時代をへて、今のようになった。中心になっている仏塔は九九・四メートル、すべて金で覆われ、先のとがっているところは六十トンもの純金でできているのだという。それればかりでなく七十六カラットもするダイヤをはじめとして、何千個もの宝石が埋め込まれているそうだ。と言われても下からは塔の先を見るのは難しい。

そこだけを見ていると、ビルマはやっぱり仏教の国、信仰深い国民なのだという印象を受け

仏像の手前は仏足石

シュエダゴォン・パヤー

お母さんに手伝って
もらって鐘をつく子

「私の生まれた曜
日」の守護仏

夜のスーレー・パヤー

スーレー・パヤーでお祈りをしてから仕事にむかう

スーレー・パヤーの近くにあるキリスト教の教会

る。世界で最も貧しい国の一つと見られているという説は信じがたい。

スーレー・パヤーはシュエダゴォン・パヤーが建てられてから五百年ほどしてそこから約二キロ南のヤンゴン川の近くに建てられた。大きさはシュエダゴォン・パヤーほどではないが、イギリス人はスーレー・パヤーを町の中心にして都市計画を立てた。従って、今はヤンゴンのビジネス街の真中に位置することになり、朝会社に行く前にちょっと寄ってお祈りして、という人が大勢いる。会社に行く前の、身なりを整えた男の人や女の人が、あちこちに安置されている仏陀の前で手を合わせている姿は崇高に見えた。

まばゆいほどに金色に輝くパヤーは、観光客が必ず訪れるところであるが、私はもう一つ経験してみたいことがあった。それはヤンゴンの環状線に乗ることである。


ヤンゴンの回りには環状線電車が走っている。一周二時間半くらいかかり、どこで乗って、どこで降りてもよく、料金は一回乗るごとに一ドルだ。

ヤンゴン環状線は中心部と衛星都市を結ぶミャンマー国鉄の路線である。総延長は四五・九キロで、東京の山手線（三四・五キロ）よりも長く、駅も三十八もある。イギリスの植民地時代に敷設されたものだが、今でもそのまま使われているので、骨董品のようだ。それでも一日たりとも休まず動いている。このレトロぶりが鉄道ファンにはたまらないようで、この列車に乗るために訪れる観光客も少なくないという。

この環状線に日本のＪＩＣＡ（国際協力機構）が目をつけた。東京の山手線のように時刻表通りに、そして今より速いスピードで走る通勤列車になるように協力してあげましょうと提案したのだ。現在、それが可能かどうか検討中なのだと聞いた。

どこから乗ってもいいはずなので、簡単にどこからでも飛び乗れるのだろうと思っていたが、そうではなかった。「環状線の乗り場はサクラタワーの近くです」と教わり、迷いながら着いたところは環状線の乗り場ではなく、環状線以外の列車の乗り場だった。そこから何度も歩道橋を上ったり降りたりしてようやく環状線の乗り場にたどり着いた。

列車の出るホームは出る時間によってちがうという。初めての旅行者にとっては実に面倒だ。「そこじゃない、こっち、こっち」と言われて、線路を走りながら横切って、ホームに止まっている列車に飛び乗って息をつく間もなく、列車はゴットン、ゴットンと走り出した。

列車はイギリスの占領時代から何一つ変っていないようだ。一度も洗車していないのではないかと思われるほどに埃だらけで汚れている。デザインも貨物列車のようだ。低くても窓があるのはうれしいが、窓にそって作りつけた長椅子は何人でも座れるだけ座ればよいというものだ。窓はただ枠があるだけで、ガラスなしだ。しかもその窓の位置が低すぎて座っている人間は外がよく見えない。窓枠が目線より下なのだ。外の写真を取るのにもずいぶんかがまなければならないので苦労した。椅子も窓の枠も木製で、いくら安くても、そんな堅い椅子に坐ったまま一回りするのに二時間半はつらい。

窓は開いたままだったが、幸い冬のヤンゴンはそれほど寒くない。真夏だったら、エアコンなどはもちろんないのだからとても耐えられなかっただろう。この環状線を利用するのはほとんどが農民らしく、自分が作った野菜や、鶏や鴨などをマーケットに運んで行くのに使うようである。それと物売りが乗り込んでくる。

外国人の私は、ホームの真ん中にある窓口で一ドルの切符を買わされたが、地元の人が料金を払っているのを見なかった。切符をチェックする駅員もいなかった。まさかタダとは考えられないので、何か特別なシステムがあるのかもしれない。

野菜や束ねた鶏をかついで、出たり入ったりする農民の中に混じって、きれいな身なりの男性がいた。

「こっち側にいらっしゃい。そっちは日が当たるから暑いでしょう」

きれいな英語で話しかけてきた。お互いに通じ合う言葉を聞くのがなつかしくて、声にひかれて向かい側に移ろうとすると、その男性の隣に坐っていた若い農民らしい人がちょっと動いて場所を作ってくれた。

列車はガタンゴトンと大きな音を出しながらかなりゆっくりと畑や人家のすぐ近くを走っている。

「ワタシはひまになると時間つぶしのためにこの列車に乗るんですよ」

その男性は六十五歳ぐらい。野菜や鶏などの荷物を持っていないから農民ではないようだ。手には一冊の本を持っている。

「外の景色を見てください。外に見える家は貧しいでしょう？　貧民窟みたいのもあるでしょう？　ほとんど農家です。ほら、この列車が通る道筋にある緑の畑があるでしょう？　あれはクレソンです。それからあの葉っぱの大きいのはタロイモです。クレソンやタロイモはどこでも育ちます。最近のヤンゴンは中国人が増えましてね、あのクレソンは中国人に売ります。中国人はよく食べますからね」

線路沿いのクレソン畑では何人かの女性が深い帽子をかぶって摘んでいるのが見えた。

「線路沿いに住んでいるのはほとんど貧しい農民ですよ。でもところどころに大きなしっかりした作りの家があるでしょう？　あれは軍人の家です。はっきり違いがわかるでしょう？　軍人はお金があるからしっかりした家が建てられますけど、農民はいつになっても貧乏です」

「でも最近は軍事政権も門戸を広げて民主的になってきたのではありませんか？」

「そう信じたいですね。でもそれは表面だけです。今までも何度もそういうことがありました。今政府がねらっているのはカネですよ。外国からのね。それだけですよ。民主化なんかには全然興味ありません。お金をせびり取ったら、また閉めるんです。今までそれを繰り返してきました」

「いいんですか。政府批判をそんな大きな声でして……」

「大丈夫。ワタシはどこにも繋がってないからね。もし仮につかまったとしたって監獄にいくだけです」

「そんな風に簡単に言ってもいいんですか」

「ワタシはそれを覚悟で今翻訳してるんです。これが翻訳できて出版されたら、そんなにうれしいことはない」

そう言って手に持っていた本をかかげて私に見せた。

「どんな本ですか？　ビルマの文学？」

「いやいや、そんななまやさしい本じゃない。この本はね、今の政権がいかに腐敗しているかを書いた本ですよ。誰が、いつ、誰から、どんな賄賂を受け取っているかが書いてあるんですよ」

「まあ、そんな本がよくビルマで発行されましたね」

「ビルマじゃない、ミャンマーですよ。ここではミャンマーと言ってください。そうでないとにらまれますよ」

「ごめんなさい。どこでそんな本を手に入れたんですか」

「まあとにかく手に入れたんです。これを英語に翻訳したいんです。もう始めているんですが、とにかく時間がかかる」

もしかしたら、頭休めにその列車に乗っているのかもしれない。それにしても、この人物何者か、好奇心が沸いてきた。

「アナタは一体どんな人なのですか？　そんなにきれいな英語をどこで学んだんですか？」と聞いてしまった。

「ハハハハ。ワタシの英語ですか？　ワタシはカトリックの私立学校を出たんですよ。そこでは教育は英語でしたよ。大学を卒業してからは高校の英語の先生になったんですが、その時クーデターで軍事政権になった。それで学校を辞めたんです」

「えっ、でも軍事政権になっても学校での教師としての職業を辞める必要はなかったでしょう？」

「辞める必要はなかったけど、その時から政府が学校教育に関与することになったんですよ。そして、そこで働く教師は政府からの命令を聞かなければならなくなったんです。いやでしょう？　教育に政府が関与するなんて、そしてその命令を聞かなければならないなんて？　だから辞めたんですよ」

「えっ、じゃ、一九八八年からずーっと働いてない？」

「その通り」

「じゃ、どうやって生計を立てているんですか？　農業もしていないようだし、奥様が働いている？」

「いやいや、結婚はしていない。独り身ですよ。ワタシのような者と結婚するなんて迷惑じゃないですか。実はその時から、自分が住んでいた家を貸してその家賃で生計を立てているんです。ワタシ自身は小さいところを安く借りてね。住所不定のようなものです。この列車もワタシの住居のようなものです」

「そういうふうにして、一九八八年からずーっと生きてきたんですか？」

「そう。でも最近は政府の方針転換でワタシもちょっとは恩恵をうけましたよ」

「どういうことですか？」

「僅かな家賃でしたが、それをためておりましてね、そのお金で去年、小さな古いアパートを買ったんです。それを一年かけて、きれいに現代風に内装を変えたんです。そして売りに出したら、何と、五倍で売れました。五倍ですよ！」

「まあ、それはおめでとうございます」

「ワタシにもこんなことができると自信がつきました。だから働かなくても、政府から何も年金などもらわなくても、こんな風にしてお金はかせげるんですよ」

「心強いですね。でもこれからは、アウンサン・スー・チーが自由になって、アナタの生活も少しは良くなるかもしれませんね」

「ワタシは全然期待してませんよ。今の政府はそんなことを前にもやりましたよ。何の役にも立ちませんでした。今はね国民をちやほやしていますけど、そのうちまたギュウっと締め付けてきますよ。全然期待していません。

ワタシの親戚には軍人は一人もいないし、政治にかかわっている者は一人もいない。だから苦労しました。でも親戚の中には今成功している者も世界のあちこちにいる。ロスアンジェルスにいる姪が最近帰ってきましてね。ロスに戻る時、自分はやっぱり政権が変ってもミャンマーには帰って来ないと宣言して戻って行きましたよ。それはそうですよね。ロスでグッチの店のマネジャーをまかされているって言ってましたよ。

国内でもワタシの叔母は商売には長けていて宝石店を持ってすごいお金持ちになったんですがね、一九八八年の政変があった時、軍が来て叔母の店をそのままごっそり乗っとってしまったんですよ。そんなことがあるんです。信じられないけど……。

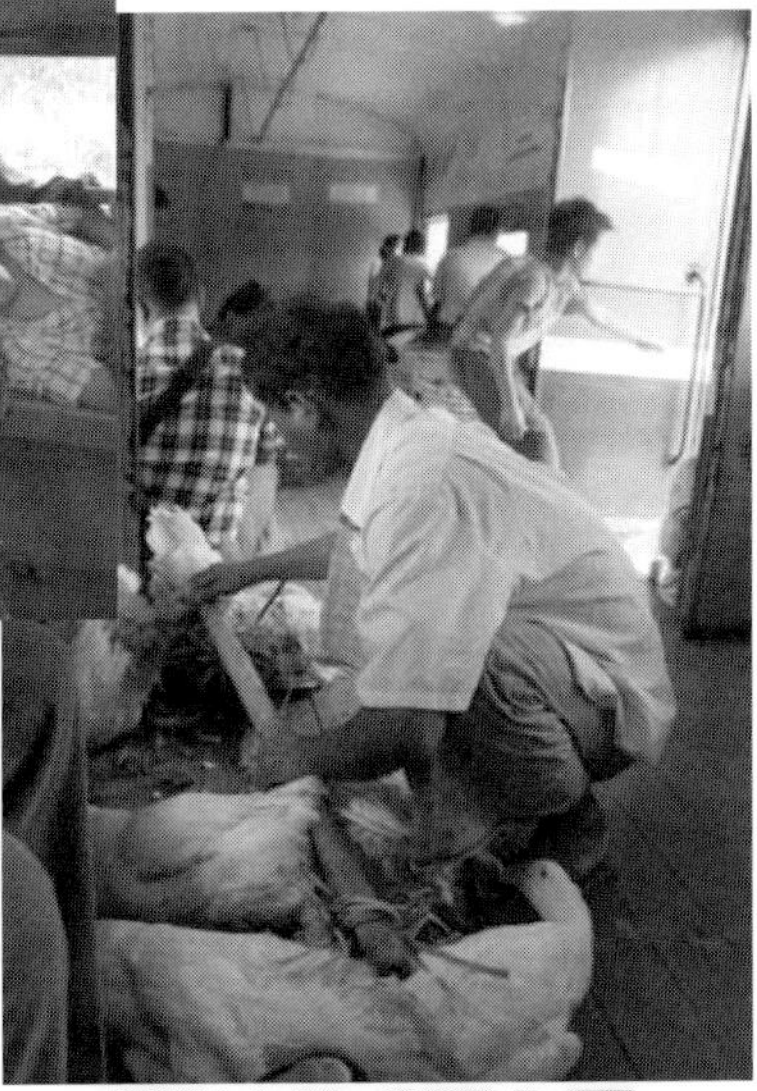

さまざまな物を市場に運ぶ

線路が市場に早変わり

その後、その叔母の家に泥棒が入りましてね、僅かばかりのこっていた現金、一万チャットを盗ったんです。そしたらね、ワタシの叔母は、『ああ、そんなの上げるよ、政府の大泥棒にくらべれば、お前なんかなんでもないよ』と言って逃してやったそうですよ」

「政府の泥棒か……」

一万チャットといえば一般のビルマ人にとっては馬鹿にならない大金だが、宝石商の叔母さんには「僅かばかり」の金額だったのだろう。


列車がある駅で止まった時、そのおじさんは急に言った。

「この駅で降りましょう。どうせ次の列車がすぐ来るから。ここにはローカルの市場があるからそれを見ていってください」

私たちは急いで列車を降りた。次の列車は何時か調べようとしたのだが、誰もわからないという。結局わからないまま、市場を見学することにした。

市場というから駅を降りてからどこかに歩いていくのかと思っていたのだが、そうではなかった。野菜を担いでいた人たちは、列車を降りたらすぐその場で線路の上であろうがホームであろうがかまわず野菜を広げ始めるではないか。駅には駅員もいないようだ。しばらくして列車が到着すると、一時的に野菜をのけるのだ。市場はもうすでに先に来た人で埋まっている。だから後から来た者には場所はない。一体誰が買いに来るのだろう。売る人の方が圧倒的に多いように見える。

買い物といっても、観光客の私には買うものは見つからない。結局、ジュースだけを飲んで帰ろうとしたのだが、いつ来るかわからない列車を待っていることはできずタクシーで帰ることにした。

タクシーの中で考えたのだが、あの環状線を東京の山手線のように通勤者が常時利用できるようにすることは可能なのか、どうしても想像できない。それに、そうなったら、今までお金をはらったかどうかチェックもされなかった農民たちはどうなるのだろう。それに駅に駅員がいるようになったら、あのようにホームや線路に売り物を広げることはできなくなるだろう。そんなことをあれこれ心配してしまった。

ホテルに戻る前に、例の謎のおじさんにこれからも連絡できるように住所を教えて欲しいと言うと、「住所は書きますけど、ワタシはそこにはいないんです。それに携帯電話も持ってないし、教えるものは何もないんです」

という答えだった。さよならと言ったと同時に本当に消えてしまった。

❖三月の青空つきさすスーレー塔
❖田の鋤は麦わら帽のビルマ人
❖ヤンゴンの夏風切りて環状線

日本人墓地

フィオスから連絡がくる前にやっておきたいことの一つにヤンゴンの近くの日本人墓地を訪問することがあった。フィオスに渡したリストには日本人墓地は含まれていない。

第二次世界大戦のビルマ戦で亡くなった日本兵は十九万人もいるという。水島上等兵がいくら弔おうとしても弔うことができなかった遺骨も多くあったに違いない。ビルマに来るとあちこちに散らばっているであろう日本兵の遺骨のことが気になる。

ヤンゴンの郊外には立派なタウキャン（Taukkyan）と名付けられた墓がある。面積は非常に広い。連合軍の六千三百七十四人、身元の分からない兵士二万七千人の遺骨が葬られている。十年前に来た時も、ヤスミンは私たちをそこに連れていった。しかし、その中には日本人の兵士は葬られていなかった。連合軍側の兵士の遺骨だけが葬られているのだ。多分ヤスミンにとっては日本人戦死者のことなど頭になかったのだろう。その時は「日本人の墓は？」とは聞けなかった。

今回は最初から日本人の墓に行きたいとホテルの前でひろったタクシーの運転手にいった。「知ってるよ」と言って、タクシーの運転手が連れていってくれた所は、郊外ではなく、か

日本人墓地の門。普段は閉じられている

墓地内に入って記帳し
線香とマッチをもらう

慰霊碑。「杉良太郎」の
名前が見える

マンダレーヒルで見かけた仏塔。日本人が建てたもので、NOBUHISA HONJO、UTARO UTSUKI、KOSEI ICHIKAWAの名前が記されている

バガンで見かけた日本人の墓

なり町中の墓だった。きれいに整備されていて、誰かが毎日清掃しているのがわかる。しかし、残念ながらそれも連合軍側の墓だった。

私がたまたま日本人墓地の住所がわかっていたから助かった。「知ってるよ」と言うので見せなかったが、そのタクシーの運転手はなぜかその住所は知っていた。ヤンゴンの町はずれにある火葬場だった。その側に日本人墓地があるなどとは、関係者以外は知らないだろう。

火葬場には葬式を終えた車が遺体を運んで次々に訪れている。縁のあるビルマ人家族もそこここに集まっている。日本人墓地はそこを通り越して、ちょっと行った右側にあるのでメインの道路からはわかりにくい。

墓は格子で囲われていて、鉄格子の門には「日本人墓地」と日本語で書いてある。日本人ならわかるが土地のビルマ人にはわからないだろう。門は閉まっていたが、鍵はかかっておらず、押すとすぐ開いた。中はきれいに掃除がしてあり、回りの枯れた風景とは異なって、色とりどりの花が咲き乱れていて、小さな公園のような雰囲気だ。

私が門を開けるとすぐ、三人の男の子が、「こんにちは」「こんにちは」と言い、はしゃぎながら近づいてきた。右側に小さなテーブルが備えてあり、大きなノートがおいてあって、そこに名前を書くようにと中年の女の一人が言った。そこに名前を書くと、私が何も言わないのに、もう一人の女性が線香とマッチを渡してくれた。はしゃぎ回っている三人の子供はこの二人の女性の子供なのだろう。日本語は「こんにちは」ぐらいしか話せない。でもどうするのかは双方わかっているからここでは言葉は必要ない。

一人ひとり、名前の書かれた墓石がきちんと行儀よく並んでいる。名前と享年と出生地が書いてある。私の叔父も戦争に行った。ニュージーランドに送られ、そこで亡くなった。もちろんビルマの地に叔父の名はない。でも家族の者がこのような墓石を日本から遠く離れた場所で見たら、思わず涙するであろう。そして私も、心の奥底で叫んでいた。

〈ご苦労様でした。こうしてやっと墓ができ、墓参りができました。そして他の日本の皆さんも感謝していますよ。墓もきれいにして守っていますよ。これからは戦争は絶対に致しません〉

次から次に現れる墓石は一体どれくらいの数があるのだろう。この日本人墓地は一九九六年にヤンゴンの日本人会の尽力で造成され、その中心に日本政府による慰霊碑が建てられていた。県人会で建てた墓や、個人で建てた墓もあり、墓に書かれた一つ一つの誓いの言葉などを読むと胸が締め付けられるようだった。しかしビルマで戦死した十九万人の墓が全部ここにあるわけではないだろう。日本人の墓はビルマ全土のあちこちにあるに違いない。

日本人墓地を出て気づいたのだが、中国人の墓が地続きで隣にある。日本人墓地のように墓石がきれいに並べられているわけではなく、緑もなく花もない。ただ石が放り込まれ無造作に置かれているように見える。そして、その隣のイスラム人の墓も掃除も何もされておらず枯草に覆われていた。日本人は先祖の魂を大切にする民族だということがよくわかった。

❖墓石の側に寄り添ふ母子草
❖春蘭をあげよと墓に遊ぶ子等

ヤンゴンから北へ

マンダレーヒルからの眺め

新しい首都　ネーピードー

　フィオスから連絡があり、やっとビルマでの旅行の計画ができた。私は今回こそ、この国の北から南、そして東も西もどこにでも行きたかったが、時間とお金の制約があり、そういうわけにもいかない。結局、北はネーピードー、バガン、マンダレー、ピンウールィン、インレー湖と、観光地として有名な所に行くというルートになった。南は主にチャイティーヨーとバゴー。

　いよいよ北に向かって出発の日、ハミンという若い、ハンサムなイスラム系のドライバーがトヨタに乗って現れた。

「ハミンは英語は話さないけど、運転は上手だよ」とフィオスが言った。「英語が話せない」という言葉が気になった。しかし、今さらどうこう言っても始まらない。「どうにかなるだろう」といういつもの楽観主義で対処することにした。

　ネーピードーはヤンゴンから三百二十キロの所にある。あるというよりは二〇〇五年十月から急にミャンマーの新しい首都として現れたと言った方がいいかもしれない。十年前にビルマを訪れた時にはどこまでも続く稲畑だったのだ。首都ができるまで農村だったのだからそこに住む農民たちは立ち退きを命じられたのだろうか。ビルマの歴史をさかのぼってみると、王朝が代るたびに首都がかわった。それにならったものだという。

二〇〇五年に新しく首都として開かれたといっても二〇一二年六月まで一般の観光客は入ることを許されず、行政関係者や投資目的の外国人しか入れなかった。観光客を入れるようになってからまだ九ヵ月しかたっていない。だから行って見たかった。ただの観光客は歓迎されるのか。新しい首都はどんな風に発展していってるのか興味があった。

それにしても三百二十キロの道のりは長かった。ヤンゴンからネーピードーへ行くまで何もないのだ。季節が冬だったからか、景色も、高い山があるわけではなく、立ち寄ってみたい村々があるわけでもなく、どこもかしこも茶色の原野としかいえないような平地また平地だ。風景の変化を楽しむこともできなかった。

そんな中をただただタクシーを飛ばしていくしかないのだ。飛行機でもヤンゴンから五十五分はかかる。バスでは五、六時間、電車では七、八時間もかかるという。そんな不便なところにどうして新しい首都をつくろうとしたのか不思議だった。用事がなければ一体誰が行きたいと思うだろうか。

着いてみて驚いた。泊る部屋がないのだ。ホテルがないわけではない。皆満室なのだという。フィオスは結局予約が取れず、着いてから一つ一つ当たれ、という指示をハミンに出していたようだ。ネーピードーは貧乏観光客などは想定していないから安宿などはない。皆最新式の近代的なホテルばかりだ。安い所からあたっていったが、「満室、満室……」。やっと空室を見つけたのは、ネーピードーでは最高級のホテルといわれているザ・ホテル・アマラだった。

ヤンゴンのホテルはWiFiがあっても接続があやしかったが、新しい首都では英語は通じるし、少なくともホテル内ではすべてが世界の水準をいっている。朝食もインターナショナルで品が良い。私はなるべくその土地の朝食をと心掛けていたので、モヒンガー（麺に魚ベースのスープをかけたもの）があればモヒンガーにするのであるが、そこでもモヒンガーは品よくおいしく調理されていた。

私がオリエンタルに見えて、オリエンタルの朝食をおいしそうに食べているのを見て、めずらしいと思ったのか、あるいは私が中国人の金持ちのビジネスウーマンで、この町に投資目的の視察に来ているとでも思ったのか、私には特別にとチャイニーズティーだといって、マネジャーが英語で話しかけてきた。

それまでの経験では、きれいなわかりやすい英語を話す人は少なく、聞きたいこともなかなか聞き取れなかったりしていたが、そのマネジャーの英語は実にきれいだった。

「おいしいお茶をどうもありがとう」

「おいしいですか？　そうですか。実はこれはミャンマーのお茶なんです」

「えっ、じゃなぜチャイニーズっておっしゃったんですか？」

「その方が皆さんに知られているし、皆さん好きじゃないかと思うんです。でも私にしてみればミャンマーのお茶もおいしいですよ」

ネーピードーへの
一本道

途中でみかけた
小さな村

ネーピードーへの途中にあるたった一つのドライブイン

「そうですよ。どうもチャイニーズとは違う味だと思いました。とてもおいしいですよ。自信を持って、ミャンマーティーと言って宣伝して下さい。観光客は喜ぶだろうと思いますよ」

「ほらほら、ちょっとミャンマーティーをつつんで持ってきてくれないか」

従業員の一人にそう言うと、正装した女性従業員は小さなプラスチックの袋にお茶の葉を入れて持ってきた。

「少しおみやげに持っていってもらいましょう。少しですが……」

お土産にお茶の葉を用意してくれるなどのサービスが非常に印象深かった。そんなサービスをしてもらわなくても、そのホテルはすばらしかった。回りの環境も非常にいい。広々としていてきれいだし、池はあるし、朝から掃除人が庭の落葉をきれいにしているし、客に対する愛想はいいし、何も文句がない。これも国際的に最高の首都を目指しているからなのだろうか。

ドライブインで物を売る人

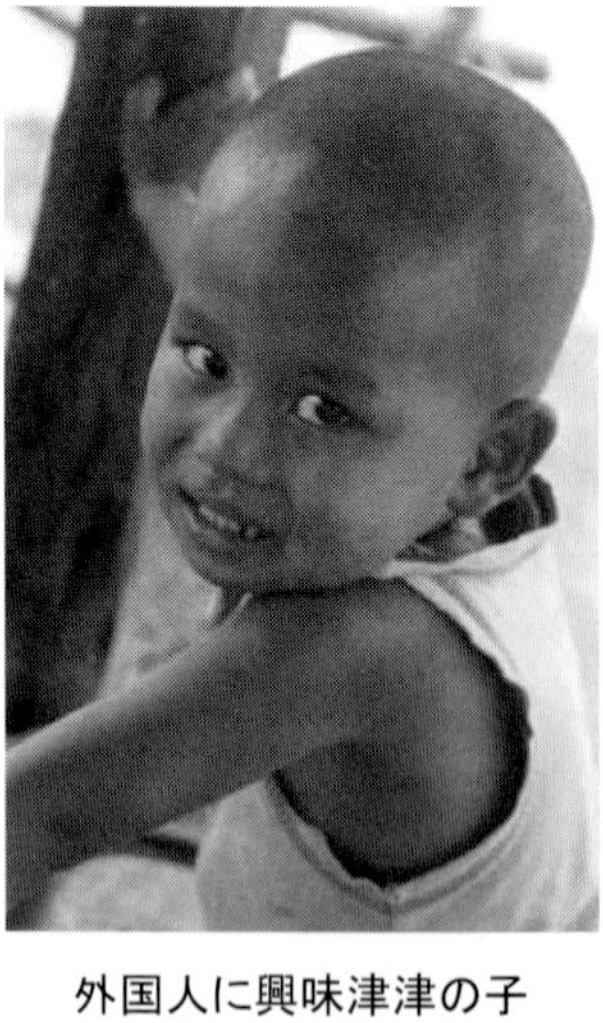

外国人に興味津津の子

観光地としてできた街ではないから、観光客が訪れる所はあまりないが、ヤンゴンで有名な、シュエダゴォン・パヤーになるべく近いものをこの新しい首都にもという意気込みでウッパタサンティ・パヤーがつくられた。このパヤーは、ご利益目的のためにタン・シュエ将軍と将軍の妻が寄贈したものだという。その仏塔は他に何もない新しい首都ネーピードーの空に輝いて立っている。

そして夜になれば、ヤンゴンと同じように、どこからともなく人は集まり、大変にぎやかになる。ヤンゴンより新しいだけあって、エレベーターなども備え、足の不自由な人でもあの何段もの階段を上らなくてもよいように作られている。ビルマ人にとってパヤーの存在は真に生活の中心であり、支えになっているということが、パヤーの回りに集う人々を見てひしひしと感じられた。ほとんど、それさえあれば何もいらない、というほど重要なのでないかと思った。

イスラム教徒のハミンに、なにが生活の支えなのかと聞きたかったが、英語は一言も話さないから、何も聞くことができなかったのは残念だった。

ネーピードーには何もないということは聞いていたが、世界最大のスター・サファイアのある宝石博物館がヤンゴンから移転してきたという。また、夜のライトアップが美しい噴水公園が新しく作られていると観光案内で読んでいた。ハミンに「宝石博物館はスキップしてもいいから噴水公園に行きたい」と言ったのだが、車はぐるぐる回るばかりで、とうとう行き着くことができなかった。ハミンにとってもネーピードーは初めてだったので、見当がつかないようだった。仕方がないので、「ネーピードーは終わりにして次のところへ行きましょう」と言っ

ウッパタサンティ・パヤー。ヤンゴンのシュエダゴォン・パヤーに似せて造られた。タン・シュエ将軍と妻によって寄贈された

ビルマ建国に尽くした三人の王の像

泊まったアマラホテル

新しいホテル。まだ開業していない

運転手のハミン

て町を出た。

　町を出てすぐ、大きな三つの像が立っているところを通過した。ハミンは何も説明せず、そのまま通過しようとしたが、三体大きな像が並んで立っている姿を見ては、だまって通過できるものではない。ハミンに車を止めるように言い、写真を撮ろうとしたのだが、像の手前十メートルぐらいのところに通行止めの柵が並べてあってそれ以上近づけないようになっていた。それでも像が大きいし、高台に建っているので写真はよく撮れた。後で調べると、その辺は軍に属する地域で、一般人が近づくことも写真撮影も禁じられていたようだ。多分ハミンは知らなかったのだろう。見張りもいなかったし、誰からも何も聞かれなかったのでまずホッと安心した。

　三つの大きな銅像はビルマ史の中で最も重要な三人の王様の像であった。一人はアノーヤター王（Anawrahta 1014-77）。真中にいるのはバインナウン王（Bayinnaung 1516-81）。最後はアラウンパヤー王（Alaungpaya 1714-60）である。

　アノーヤター王は兄を殺して王位についたが、王位につくとすぐビルマの中央部分にあるエーヤワディデルタに進み、その地方を統治していたモン族のタトオン国を滅ぼして国を統一し、初めてのビルマ人による統一王朝を築き上げた。さらに、首都をバガンに移して仏教文化を強化し、ビルマ文化の原型としたと言われている。

　アノーヤター王の築いたビルマ王朝は王の死後、衰退して国は再び戦場になり、小国が乱立するようになるが、バインナウン王は、ポルトガルの商人に助けられて国全体を統一し、タウングー王朝を築きあげた。これが二番目のビルマの統一国とみなされている。一五六九年には勢力を延ばして、現在はタイ国に属するアユタヤを征服し、タウングー王朝の支配下にし、ビルマの歴史上最大の国にしたのである。

三番目のアラウンパヤー王は、当時再び勢力を盛り返していたモン族がタウングー王朝の首都を奪い占領していたのを奪還し、コンバウン王朝を築いた。これが三番目のビルマ族による統一王朝といわれた。ところが、アラウンパヤー王の死後、王位を継いだ息子たちも、戦闘意識が強く、近辺の小国を征服することを続け、アユタヤ王朝を再征服したり、インド領のヤカイン地方を占領下におくようになった。しかし、これがイギリスとぶつかる原因となった。ヤカイン地方はイギリスの占領下でもあったからである。

❖異国にて熱きもてなし新茶かな
❖春の風寝釈迦伝ふる望みかな

マンダレーの歴史はビルマの歴史

さらに北に車を走らせマンダレーに向かう。途中に見える家々は心持ち多くなったように見えるが、それでもまばらである。

マンダレーはヤンゴンについで二番目に大きな都市で、イギリスがビルマを占領するまでは、マンダレーがビルマの首都だったのだ。

当時インドを植民地として統治していたイギリスは次第に中国と接するビルマ北部に目をつけるようになっていた。というのは、当時イギリスは中国との貿易が盛んであったから、さらなる貿易の振興を目指して、それまでは通過不可能と考えられていたヒマラヤ山脈ルートを開発しようとしていたのである。もし通過が可能になれば距離は大きく短縮され貿易量を増やすことができるからだ。イギリスはインドで栽培したオピウム（阿片）を売り、中国から多量の銀を買っていた。

イギリスとの戦闘は三度にわたって行われた。一度目は一八二四年で、これは当時の国王バビドー（Babydaw）の命令で、インドのアッサム地方のヤカイン（Rakhaing）からインドからの逃亡者を追い払おうとしたのである。ヤカインは一四三三年、当時のこの地方の支配者ナラミスラ（Naramithla）がムラウク・ウー（Mrauk U）を首都にし、それから二、三百年間、国際的な商業都市として栄えていた。おびただしい数の寺が建造されたところであるが、その地域はバビドー王の統治下にあった。バビドー王は三回目のビルマ統一をはたしたアラウンパヤー王の息子である。バビドー王は親ゆずりの戦闘好きで、それまでにも、今はタイ領のアユタヤを攻撃し、占領している。従って、バビドー王はこの戦いは当然勝利するものと確信していた。

ところが彼は判断を誤った。その地域はイギリスの管轄でもあったのだ。自国の植民地が侵されたのであるから、全力で反撃してきた。そして、その時のビルマ側の軍司令官がイギリス軍が撃った大砲で即死してしまった。当然戦闘は中止され、結果として、タニンサリィ（Tanintharyi）とヤカインの地域がイギリスに取られる結果になってしまった。これはイギリス側にとっては思う壷であった。

ビルマ対イギリスの戦いの二度目は一八五三年。ビルマ国はその頃王位継承の争いで、大勢の人が殺されたりしていたが、それに巻き込まれたのか、二人のイギリス人が人質として捕らえられたとイギリス側に伝えられた。それは後に誤報だと判明したが、イギリス側にとっては都合のよい口実となり再度の戦闘をすることになった。結果、ビルマはヤンゴンとビルマ南部を取られ、戦いは終わった。

それからイギリスは積極的に北部に侵攻していった。当時の北部、つまりマンダレーでは、王座争いが続いていた。バビドー王の後をついだバガン・ミン王は不人気だったので追放され、民衆から信頼を得ていたミンドン王が即位し、首都をマンダレーに移したところであった。ビルマという国は王座は世襲するのでなく、前の王を殺した者が次の王になるという歴史的な風習があるので、後継者をめぐっての争いが絶えなかったのだ。王が代るたびに首都を変えるのもそんなことが理由なのだ。

ミンドン王が首都をマンダレーに移してからも、後継者を巡って争いが続いていたが、即位したばかりのミンドン王は、権力を持ち始めていた自分の腹違いの弟を自分の息子に殺させたりと、惨いことを行っていたが、王自身は一八七八年に赤痢で突然の死をとげてしまった。

その後王座を引き継いだ息子、ティボー・ミン王（Thibaw Min）の妻と妻の母親はティボー・ミンの即位に反対したライバルの一族七十九人を残忍な仕打ちによって殺害したのである。これがイギリスの新聞に大きく報道され、イギリス国内ではビルマの王制を支持する者は一人もいなくなってしまった。

こうなると、三度目の戦闘はイギリス側にとっては実にたやすいことで、簡単にマンダレーとビルマの北部を占拠し、当時マンダレーに住居のあった王家はインドに追放されてしまった。ビルマはこうして完全にイギリスの植民地になった。一八八五年のことである。

しかし当時、イギリスが統括していたのは、バーマー人（当時住んでいた中心的民族。その門族の名をとりイギリス人が新しく支配することになった国をビルマと呼んだ）が住んでいた中部の地域だけにとどまり、他の民族が居住していたチン、カチン、シャン、カイン、カヤ、モン、カレン、ヤカインなどの地域は自治区として、その地域に統治をまかせた。

マンダレーの交通渋滞

マンダレーの町中にあるイスラム教のモスク

バーマー人が住んでいたのはほとんど国土の中心に当たる部分で人口的には全体の八九パーセントを占め、主に平地で米を大量に栽培していた。当時の記録によると、米の生産高は世界一で、最大の輸出品だったという。特にイギリスの植民地時代には米の生産が多かった。それが独立した現在、自分たちが食べるのにもこと欠くほどに生産が減ってしまったのは、一体何が原因なのだろうか。

現在のカチンと政府軍とのいざこざは、すでにほぼ独立していたカチンの人々がビルマの独立と同時にビルマに属するのをいやがったのが要因かもしれない。少なくともイギリスの植民地時代と同じような自治区として認められたいのであろう。

イギリスは、統治下に置いたビルマにインドから有能な政府の役人を連れてきて政府の仕事に当たらせた。一九二七年当時のヤンゴンは、ほとんどインド人、中国人に占められ、ビルマ人は第三国民のように扱われていた。イギリス人にとってビルマ人は扱いにくいので、インド、中国からの移民を大量に受け入れることが奨励されたのである。それが一九四八年まで続いた。

現在、多彩な宗教が共存する結果となったのは、仏教徒のバーマー人に混じって、イスラム教やヒンズー教のインド人、仏教の中国人が加わったからだ。同時にイギリス人は西洋からキリスト教の宣教師も迎え入れた。宣教師たちは、特に山岳地方で布教したので、今でも山岳地方にはキリスト教信者が多い。

ヤスミンはイスラム教徒である。ビルマにいるヤスミンの親戚は皆イスラム教徒のはずだ。

ヤスミンの先祖はビルマの高官として、インドからイギリス人によって派遣され、今でもその末裔は軍人として高い地位にいる。私たちが十年前に来た時、その恩恵でＶＩＰ待遇を受けたと思っていたが、それは勘違いだったようだ。昨今は、上流階級の人でも仏教徒に改宗しなければビルマ社会では受け入れられないという状況になっているという。

つまり、ヤスミンの親戚の父親はイスラム教徒、母親がキリスト教徒であっても、祖父が仏教徒の軍人だったため、私たちはその恩恵を受けたのだ。親戚ぐるみでヤスミンの要望に協力してくれたのだが、この絆の強さは少数民族として生き延びる知恵なのかもしれない。

マンダレーでは、十年前に会ったヤスミンの親戚に是非再会したかった。というのも、十年前にこんなことがあったのである。

十年前、ヤスミンと私たち二人は、ある中級ホテルに宿を取って、マンダレーの観光を楽しんでいた。二日目の朝、ヤスミンの親戚の者が外で待っているからというメッセージが入った。外に出ると、そこに五人の男の子が背の高い順にずらりと並んでいた。上は十八歳ぐらいから下は十一歳ぐらいまで。一番前にはお父さんらしき人が立っている。ビルマ語で話していたのでよくわからないままながめていたのだが、お父さんとヤスミンは何か真剣な顔をして話していた。そのうち決着がついたのか、お父さんと五人の男の子はぞろぞろと引き上げていってしまった。

ヤスミンの説明によると、その家族はヤスミンの遠い親戚にあたる人たちで、ヤスミンがアメリカから来るという噂を聞いて、わざわざチン州から長時間かけて会いに来たのだという。

目的はアメリカで成功しているヤスミンに五人の息子のうちの誰でもいいからアメリカに連れていって、教育をしてもらいたいということだった。「この中から好きな子を選んで連れて行って欲しいって、突然いわれたってねえ」とヤスミンは困惑しながら承諾しなかった理由を説明した。

そんな重大なことを旅行中の若い女性に頼むなんて、とても常識では考えられないことだったが、彼らはそれだけ必死だったのだ。当時のビルマには仕事はないし、未来もない。それに全く不可能な願い事でもなかったらしい。というのはヤスミンはそれまでに自分の両親を引き受けたばかりでなく、常に親戚の誰かをサポートし、学校に通わせてきていたからだ。現在も一人サポートしているという。そんな噂が親戚中にながれていたのだろう。もしかしたら、という可能性はなきにしもあらずだったに相違ない。

ヤスミンは同情しながらも、自分の立場も説明し、今のところは不可能という答えを出したらしい。若いのにヤスミンへの期待は大きく、期待されるだけのことはしているらしいことにあらためて感心した。それからというもの、私は悲しそうに去っていった五人の子供の後ろ姿が忘れられず、ことあるごとにヤスミンにその後の成り行きを聞いた。それによるとその中の一人がアメリカの労働ビザを取ることができたという。

アメリカには「労働ビザ割当制度」というプログラムがある。これは無作為に毎年五万人に労働ビザを与えるというもので、偏らないよう世界を六つの地域に分け、それまでにアメリカへの移民の少ない国を優先するという制度である。申請できるのは、高校卒業以上で、ある分野で特別な訓練を受けたか、経験を積んでいる者に限られるという条件が付いている。これをクリアしたヤスミンの親戚は、まずロスアンジェルスの寿司の学校に三ヶ月通い、それから寿司職人となり成功しているという。冒頭で紹介した寿司職人のマウングさんと同じような経歴である。

この家族が住んでいるチン州にも行ってみたかった。あのお父さんは今頃どうしているだろうか。行きたくてもあまりに遠く、交通の便も悪くかなわぬ願いになってしまった。

❖名月や戦終わりしマンダレー

サニーボーイのこと

マンダレー観光で見逃せない場所の一つにウー・ベイン橋がある。ウー・ベイン橋はタウンタマン湖にかけられている橋のことで、ウーというのはビルマ語では敬称で、ウー・ベインとはミスター・ベインとか、ベイン様とかいう意味である。

橋の名前にミスター・ベインの名前がつけられたのには理由がある。市長だったミスター・ベインは、廃れていた古都インワの崩れかけた旧王宮から古いチーク材を運ばせ橋を作った。それは百六十年も前のことであるが、木の橋は全長一・二キロもあるのに今も健在で、人々は毎日その橋を渡ってアマラプラ地域に行くことができる。

ビルマでは王が代るたびに遷都をする。一七八三年にボードー・パヤー王は、それまでのインワからアマラプラに都を移した。インワは一三六四年にシャン族が都を築き、以後四百年間ビルマ族王朝の都として栄えた町である。インワとは「宝石の町」という意味だ。その近辺で宝石がとれたのだろうか。宝石のように美しい町だったのだろうか。

アマラプラに移ってから四十年もたたない一八二三年に、次のバージードー王は都をまたインワに戻した。そして、一八四一年には次のターラーワディ王が都を再びアマラプラへ移してしまった。その後間もなくミンドン王になると、都は今度は十一キロ南に位置するマンダレーへ移ってしまい、「不死の町」という意味だったアマラプラは皮肉なことに、死の町となってしまった。したがって、この二つの町の旧王宮の跡にはたくさんの廃棄物が残された。橋の建材になったチーク材もその一つだったのだろう。

私は十年前もこのチーク材のウー・ベイン橋を渡るのを楽しんだ記憶があるが、ここで会ったサニーボーイのことがそれ以上に鮮明に記憶に残っている。その頃サニーボーイは二十歳ぐらいだった。彼によると、当時の大学は授業などもいいかげんで、学生が勉強に励むことを奨励せず、勉強嫌いな学生でもお金さえ出せばどんどん卒業させるという仕組みだったそうだ。彼はそんな大学や社会、政治全般に非常に批判的だった。

そして、政府は大学を遠くの鄙びた町へ移してしまった。その頃のビルマは学生運動が盛んだったので、政府は運動が大きくなるのを恐れて大学そのものを首都ヤンゴンから離そうとしたのである。

サニーボーイは何もできない鄙びた町へ行くのを拒み、親からもらったお金を大学に払ってさっさと卒業し、ビジネスマンになろうと、ウー・ベイン橋のあたりでお土産物を売っていた。そして妹と私は、彼からほとんどのビルマのお土産物を買うことになったのだ。

この若者がサニーボーイなどと、ニックネームのような名前になったのには訳がある。彼の祖父はイギリスに留学していた。英語が堪能になったおじいさんは孫が生まれたと聞いてさっそく英語でサニーボーイという名前を付けたそうだ。もちろんビルマでは名前は一つではなく、イスラム人はイスラムの、ビルマ人はビルマの、中国人は中国のという具合にそれぞれ自分の属する民族の名前をつけるので、時には、二つも三つも名前をもっている。サニーボーイもイスラム人であるからイスラムの名前があるが、皆サニーボーイという名前がすきで、意味もわからずサニーボーイと呼んでいるのだと言った。

ヤスミンは十年前、サニーボーイの両親の住んでいる家に私たちを連れていってくれた。コンクリート造りで二階建ての立派な家だったのを覚えている。あの頃、お父さんは家の裏に工場を持っていて、古い部品を集めて自動車を組み立てる仕事をしていた。雇われた労働者が真っ黒になって働いていた。お父さんの仕事は、古い部品をどこからか調達してくることだった。その部品がなかなか見つからなくなってきたとぼやいていた。しかも、中古の部品を買うため韓国や日本へ行こうとしても許可がなかなかおりないとも言っていた。

苦労して車を作っても、年に四、五台しかできないのでかなりの値段になり、一般の人はとても買うことができず、ほとんどは政府の役人によって買い取られるのだと言った。それでも政府からの注文に間に合わないとぼやいていたのを思い出す。そのお父さんに会いたかった。今はどうしているのだろう。その時お母さんは家にいなかった。後からわかったのだが、お母さんの方がお父さんよりやり手で、別の商売をしていて不在だったのだ。

あれから十年の間、ビルマにもいろいろな変化があった。二〇〇二年にアウンサン・スー・

ウー・ベイン橋

ウー・ベイン橋を渡る人々

チーが自宅軟禁を解かれ、それまで軍事政権の頭領だったネ・ウインが死去した。それから少数民族との対話が開始され、民主化の希望が感じられた年でもあった。しかしそれもつかの間、軍事政権は再び軍事政策を強化し始めた。アウンサン・スー・チーも再び軟禁の身になってしまった。

その後、ヤンゴンでは原因不明の爆発事件が続発。二〇〇五年には首都がヤンゴンからネーピードーに移り、二〇〇七年には反政府デモを取材していた日本人のジャーナリストが射殺された。二〇〇八年にはサイクロン「ナルギス」に襲われ、甚大な被害を被った。

二〇〇九年にはアウンサン・スー・チーの家にアメリカ人が侵入したが、そのアメリカ人を無許可で滞在させたという罪でスー・チーの自宅軟禁は一年延長された。二〇一〇年には突然国旗のデザインが変更され、総選挙の開票が始まる前に現政権の勝利が発表されるという不可解なこともあった。

そんな中で、二〇一〇年はついにアウンサン・スー・チーが自宅軟禁を解かれた年でもあったから、少しは明るい希望が持てたかもしれない。

サニーボーイの家族にもいろいろ変化があったらしい。サニーボーイは、ビルマの若者を日本の会社で訓練するという日本政府のプログラムに選ばれ参加することになった。これは四年間のプログラムで、日本語を学ぶことから始めるが、四年後には何らかの技術を身につけ、自分の国に帰って国のために働くというプログラムである。

日本に来たサニーボーイはたちまちのうちに日本語を習得し、技術も覚え、日本の習慣にもなれ、日本が大好きになってしまった。そして四年後、プログラムを終えて自国に帰らなければならなくなった時、彼は帰国を拒否した。日本にとどまることを希望したが聞き入れられず、彼は自殺を図った。病院に運ばれ命はとりとめたが、病院にかけつけた私の妹に、スポンサーになってくれ、養子にして日本においてくれと頼んだ。しかし、政府間の約束で来日したサニーボーイの願いが叶えられることはなかった。結局お母さんが迎えにきて彼は帰国した。その後の消息を何も聞いていなかったのでサニーボーイには是非会いたかったのだ。

両親に会って、その後の事情を聞きたかったので電話をした。しかし、彼らは私の電話をあまり喜ばなかったようだった。家族全員で四日後にマレーシアに行く準備で忙しいので、とても私を家に招待することはできない、でも私の泊っているホテルまで来るというのだ。私がホテルに着くとすぐ、サニーボーイの両親と姪二人と甥の五人が現れた。あまり長くいられない、と言うので何となくせわしく、あまり聞きたいことも聞けず、再会を喜ぶなどという雰囲気は全然なかった。

彼らの英語はすばらしかった。私はそれまで聞きたくても聞けないでいたことをまず聞いた。それは、マンダレーに着くまでに時々見かけたパイプを埋める工事のことである。そのパイプは何なのか。ビルマはこれから発展のみちをたどるだろうとは何度も聞いたが、もうすでに、田舎の方にまで、パイプが埋められているというが、何のためのパイプなのか。水道なのか、下水なのか。その他のことは思いつかなかったが、途中英語のわかる人に会わなかったので、聞くことができなかったのだ。

戦争の時に全壊した宮殿を復元しようとしている。一部公開しているが、昔の通りではないといわれている

マンダレー王宮内の塔

マハムニ・パヤーの中にある本屋で『タイム』に読みふける僧侶

枠の外で祈る女性たち。この寺院にも女性入場禁止の場所がある

「あれはですね、中国へガスを送るためのパイプなんですよ」

お父さんが答え、お母さんが続けた。

「ビルマではガスはたくさん取れますが、我々はあまり使えないんです。みんな中国へもっていかれます」

私はサニーボーイのことも気になってならない。

「サニーボーイ？　元気です。今サニーボーイは中国の雲南省にいます。先週帰ってきてましたが、もう帰りました」

「中国の雲南省で何をしているんですか？」

「勉強です。中国語とビジネスです。政府から奨学金をもらったんです。これから四年間勉強します。今年で二年終わりました。あと二年です」

「それでサニーボーイは楽しんでます？」

「おかげさまで、楽しんでいるようですよ」

私の妹の話によれば、サニーボーイは将来イギリスで勉強がしたくて、その資金にと日本で稼いだお金をせっせと本国に送っていたそうである。ところが、親はサニーボーイの気持を無視して、サニーボーイの姪をそのお金でイギリスに留学させてしまったのだそうだ。

お父さんが、まだ十年前の中古の車の部品を集めて新しい車を組み立てるという仕事をしているのか、それも知りたかった。中古の部品はもっとたやすく手に入るようになったのか。

「アハハハ、あの仕事は止めました。というのはね、もうあんなことをする必要がなくなった

伝統楽器の演奏

伝統芸能を守り
抜いてきた人々

ビルマの人形劇

んですよ。今は中古の車がどんどん入ってきて、それも日本からの車が多い。それがそんなに高くなく買えるんですよ。ですから、今は一般の人でも簡単に車が買えるようになりました」

「じゃ、今は何をなさっているんですか？」と聞きたかったが、お母さんが立ち上がり、もう帰る時間が来たと告げているようだった。一緒についてきた甥や姪も一緒に立ち上がり、じゃ、これで失礼します、と言って行ってしまった。マレーシアに行くということは、マレーシアに仕事があるのか、あるいはただの観光なのか、聞きたかった。もっともっと時間があればと残念だったが、また別の機会もあるだろうと思い、あきらめるしかなかった。

翌日はマンダレーの観光を予定通り終わらせた。ヤンゴンは政治の町、マンダレーは文化の町と言われるだけあって、マンダレーには伝統的な漆塗りの技術があり、人形劇や民族舞踊も盛んであるが、実はイギリス植民地時代にほとんど廃れてしまったので、十年ほど前から政府が力を入れて復興させているらしい。

マンダレーの中心にある旧王宮もすばらしい。とはいえ、これも再建されたもので、元の建物はもっとすばらしかったのだろう。この旧王宮は、ミンドン王が一八五七年から造営に着手し、四年をかけて、当時の建築芸術の粋を集め完成させたすばらしい建物だったと言われている。イギリスは一八八五年に王をインドへ追放し、中にあった財宝をすべて本国イギリスに送り、ここを軍の施設とした。第二次世界大戦中には日本軍が占領した。

一九四五年三月、日本軍とイギリス軍の最後の戦いの場になり、建物は徹底的に壊され、跡形もなくなってしまった。再建は一九九〇年代に始められ、一部が観光客に開放されていると知り訪れたが、心の痛む思いだった。戦争とは破壊以外の何物でもないと改めて思った。

❖夏の古都遺跡の影も消されけり
❖フリージア重なる歴史耐えて咲き

ミャンマーのあちこちで見かけた日本の中古車

「ビルマの竪琴」のモデル中村一雄さんが建てた学校は今でも健在

マンダレーに来た目的の一つは、キンウーという所を訪ねることだった。そこには中村一雄さんが建てた学校があるはずなのだ。その学校が今でもあるのかどうか知りたかった。

中村一雄さんとは「ビルマの竪琴」の主人公水島上等兵のモデルになった方である。中村さんは映画の主人公のようにビルマに残るということはしなかったが、日本に帰って群馬県昭和村の禅寺のお坊さんになった。しかし、一生ビルマでのことが忘れられず、私財を投じて、自分たちが特にお世話になったキンウーという村に学校を建てた。当時は学校もなかったというのを覚えていたのだ。先生たちの給料は日本から送り続けた。

私はその話をたまたまアメリカで放映された日本のテレビ番組で知った。番組によれば、中村さんにはもう一つのストーリーがあった。戦後キンウー村で暮らしていたとき、中村さんたちを勇気づけ、喜ばせてくれた少女がいた。当時七歳ぐらいで、頻繁にやってきては中村さんたちから日本語を習い、日本語で歌を歌ってくれたという。成長したであろうその女性に会ってお礼をしたいと思った中村さんは知り合いのビルマ人に頼み、その女性を探し続けた。「見つけた！」という知らせが来るたびにビルマに飛んだのだが、いつも人違いだった。七十歳になり、お寺の住職を息子さんに譲ることになった中村さんに再び「見つけた！」という連絡が届いた。今回の旅が最後になるだろうと、でも今度こそ会えるだろうと確信した中村さんはビルマに行くことにした。ＮＨＫがそれを取材したのだ。残念ながら今回も人違いだった。

この番組で、中村さんのお寺が群馬県昭和村だということを知った私は、二〇〇一年に日本に里帰りした時に訪問することにした。八十五歳になった中村さんは、お寺を息子さんにゆずり、奥様と一緒に老後の生活を楽しまれていた。中村さんはキンウーでの話を聞かせて下さり、学校を寄付した時の記念式典の写真を見せてくださったりした。

あの時から十二年もたった二〇一三年いよいよビルマに行けることになったことをお知らせしようと、再び昭和村のお寺を訪れたのだが、もうお二人共他界されており、本当に残念だった。それでも息子さんから記念式典の写真をお借りし、それをたよりにキンウーを訪れることにしたのである。


キンウーまでの道のりは近いようで遠かった。地図の上ではマンダレーのすぐ北にあり、距離的にもそれほど遠くはなかったのだが、そこまでの道はほとんど舗装されていなかった。ところどころ舗装工事が進んではいたが、工事中の道路はかえって時間がかかった。その上、タクシーの運転手のハミンにとっては初めての旅なので、道がわからず、時々止まっては聞いていたが、とうとう途中でその村を知っているという若い男性を雇わなければならなくなった。農道のような道にはまり込んだり、あまりのガタガタ道で車がバラバラに壊れてしまうのでは

農作業する人々

道路工事
小石を運ぶ女性

キンウー村のようす

ないかとハラハラしたり……それはもう大変な旅になった。

それでもキンウーまでの景色はすばらしかった。何しろ広々としている。私が旅をしていた三月は乾期だったので、全体的には茶色の景色が多かったが、それでもその茶色の中に、ヤシの木やココナツの木が並んで植えられていて、単調になりがちな刈り入れの終わった畑に変化をもたらしていた。刈り入れの最中の畑もあった。刈り入れは一斉に行われるのではないらしく、ある所では刈り入れをし、ある所では牛を使って土の掘り起こしをしたりしていて、農家の仕事の内容はそれぞれ異なるようだった。

道路の舗装工事はここかしこで行われていた。小石を運ぶ仕事は全て女性の仕事のようで、ロンジー姿の若い女性が小石をざるに入れ頭の上に乗せて運ぶ姿は痛々しかった。ビルマでは男女同権という考え方が当たり前で、女性もかなり力が発揮できる社会だということを前から聞いていたが、道路工事現場も同様のようだ。

「ここがキンウーだ」と言われて車を停めた。キンウーの村は広々としている。道も広いし、一軒一軒の家も隣との間隔がかなりあって庭も広い。日本の農家のような造りだ。学校はすぐにわかった。というのは、中村という名前がそのまま鉄格子の中にはめ込んであったからだ。門は閉っていた。それもそのはずで、その日は日曜日だった。

私が知りたかったのは、学校がそこに建っているかどうかだったから、目の前の学校を見て満足してそのまま帰るつもりだった。しかし、私が中村さんの作った学校を探しているという

学校の門。
中村さんの
名前がある

中村さんの記念碑

4教室しかない
小さな校舎

職員室には中村さんの写真

先生たち

中村さんが日本の僧侶仲間を連れてキンウーを訪れた時、村のビルマ僧たちと一緒に撮った記念写真

キンウー村の寺に中村さんが建てた碑

話はすぐに村中に広まってしまったようで、「ワタシはこの地域の教育の責任者です」という人が現れた。ある程度の英語もできる。私はびっくりしたがうれしかった。

「ちょっと待ってください。今その門を開けさせますから」と言い、集まってきていた子供の中の一人の男の子に合図をすると、その男の子はすぐに走っていって戻ってきた。手には鍵を持っている。その鍵で門は開けられ、校庭に入ることができた。

校庭といっても狭いものだ。野球やサッカーなどができるような広さではない。その校庭の真ん中に中村さんの記念碑があった。見渡せば、校舎はコの字型で、一つの棟に二部屋ずつが作られていた。真ん中の二部屋は先生方のスペースで、一つは職員室、もう一つは会議室に使っているそうだ。つまり全部で六部屋、四教室しかない小さい学校だ。私は会議室に通された。電気が付いているわけではないので、真っ暗だ。それでもその部屋の真ん中には中村さんの写真が飾られているのが見えた。

そのうち、その学校の先生が六人も集まってきた。私と責任者は坐っているのだが、先生たちは周りに立ったままだ。椅子が足りないのか、それが習慣なのかよくわからなかった。私の質問には何でも答えますという様子だったが、英語のわかる先生が一人しかおらず、その一人もあまり上手とはいえないので、結局はあまり聞き出すことはできなかった。

それでもわかったことは、この学校は小学校で、五歳から十歳までの五年間教育するのだそうだ。生徒の数は全部で百六十人。教室の数は四部屋しかないのだから、百六十人が一斉に勉強することはできない。おそらく午前と午後に分かれて勉強するのだろうと思ったが、詳しいことは聞けなかった。

先生の数は全部で十六人だという。その時見えていた先生は六人だったが、みな女の先生だった。英語の教育はずっと前からやっていて、一年生から毎日必ず三十分はやるのだという。もしそれが本当だとしたら、どうして誰も英語が話せないのだろう。ビルマも日本と同じように、話すための英語は教えられていないのかもしれない。教え方や内容なども聞きたかったが、私の質問を理解してもらえなかった。

そこにいても会話が続かないので、他の教室を見せてもらった。窓が開いていなかったからかもしれないが、中は暗かった。机はチークの立派な木でできているようだが、一人用ではなく、五人掛けくらいの長い机と椅子が部屋に二列ならんでいるだけだった。

先生のお給料は、最初は中村さんの仕送りでまかなわれていたが、今は州政府が払うのだとわかった。

そうしているうちに、どこからともなく男性が現れて、近くのお寺にもっと中村さんについての資料や記念塔があるから訪ねて下さいと言ってきた。行ってみると、たしかに立派なお寺があり、三、四人のお坊さんがそこに寝泊まりしているようだった。別棟には瞑想室があり、二、三人が瞑想していた。その建物の側を通る時には邪魔にならないように静かにしてくださいという注意があった。お寺の敷地内には、中村さんの記念塔があり、その隣には戦没者の慰霊塔もあった。慰霊塔を守っているのはこのお寺のお坊さんたちなのだろう。中村さんの記念塔は二メートルぐらいの石でできた立派なものだった。

お寺の裏の方に案内されると、崩れかけた仏塔が三つと頭のなくなった仏陀の座像が五、六体あった。「これは？」と聞くと、「戦争の時にやられたんです」という答が返ってきた。「日本兵がやったんですか？」ともう少しで聞きそうになったけれど、止めた。その答えはあまりに悲し過ぎるから。

お坊さんたちは私の突然の訪問も喜んでくれた。「ここにいらっしゃい」と言われて坐っていると、部屋の隅をごそごそ探し、二枚の写真とサイン帳のようなのを持ち出してきた。写真は中村さんがお坊さん仲間五人と訪ねた時の写真だった。サイン帳には以前私と同じようにここを突然訪ねて来たという人のコメントが書かれていた。そして、私にも是非一言書いていくようにということだったので、その時の感慨を日本語で書き連ねた。コメントは随分長くなってしまったが、書き終わると、お礼にと、大きなバナナを二房渡された。

「こんなにたくさん！　食べ切れない！」といっても、「まあ、まあ」といって、無理矢理持たされてしまった。

もうそろそろ帰ろうと思い、ハミンを探したのだが、どこにもいない。言葉がわからないから聞けずにいたが、村人たちは私が何を聞こうとしているのかすぐに察して、「あなたの運転手はあっちの方へ行ったよ」と指を指す。指された方角に歩いて行ったが、ハミンの姿はない。するとまた、私の戸惑いを察して、ある建物を指した。それでハッと気が付いた。

ハミンはイスラム教徒だ。その建物はモスクの形はしていないが、モスクとして使われているらしい。もう一人の村人が手枕をして昼寝をしているしぐさをした。多分ハミンは、私が学

イスラム教の日曜学校で学ぶ子供たち

校やお寺を回っている間、その代用モスクを見つけ、その中でお祈りをしたり、昼寝をしているのだということがわかった。その村人が起こして連れて来るというしぐさをしたので、その必要はない、そのままにしておけば、いつかは出て来るだろうからとジェスチャーで告げた。

その辺を回って見るのにも具合がよい。耳をすますと、子供たちの合唱が聞こえてくる。足は自然にそちらの方に向いていった。頭に小さい帽子をのせた五歳前後の子供三十人ほどがコーランを誦詠していた。小さな村だと思っていたキンウーでもイスラム教徒がかなりいるのだろう。ビルマにはイスラム教徒は四パーセントという公式のデータがあるが、その数字は違っているのではないかと思った。キンウー村では見かけなかったが大きな町にはほとんど立派なモスクがあり、イスラム教徒にも度々会った。

そのうちハミンは建物から出てきたが、その頃までには校長先生までが自転車をとばして学校までいらしていた。残念ながら、英語は二言か三言だけだったので、大したことは話し合えなかったけれど、ニコニコしながら別れを告げられた。村人たちも加わり、最後には大きなグループになった。

さよーなら、と言いながらも、何の用意もなく突然訪れて、申し訳ない気持で一杯だった。私に何かできることがあったらやってあげたいという気持で一杯になって帰途についた。お坊さんからいただいた二房のバナナは車の中に運び込まれ、それから二日間バナナばかりを食べていた。実においしかった。あんなにたくさんのバナナを手にしたこともなければ食べたこともない。あのバナナは村の信者が感謝をこめて、仏陀に捧げたお供えに違いない。そんなありがたいバナナだったのだ。そしてふと、中村さんたちもこんな風にバナナでもてなしを受けていたのかなと思った。

❖埃立つ畑に耕牛追ふ男

❖熱帯地こうもりさして野に遊ぶ

❖上り梁濁りし川に足六本

ピンウールィンはイギリス人の残した街

フィオスの旅の計画によれば、マンダレーの後はピンウールィン（Pyin Oo Lwin）に行って、そこに一晩泊まるとなっている。キンウーはプランの中には入っていなかった。キンウーに行けばかかっただけの日数とガソリン代とハミンの日当を余分に支払わなければならないと言われた。私にとってはそれでもよかった。むしろピンウールィンは行かなくてもよかったのだ。それなのに、フィオスは絶対にすばらしいところだから、行かなくては駄目、観光客は皆そこに行きたがる、と言ってゆずらない。それで、私はいやいやながらも寄ることにしたのだ。

しかし、行ってみて驚いた。植物園があるだけと思っていたのだが、植物園どころではない。珍しい動物も鳥もいたし、ありとあらゆる動植物、鳥類が集められていた。黒いスワンも、日本の桜も。そして子供たちのためにプールまである。

ピンウールィンはイギリス植民地時代の一八九六年にイギリス人によって作られた町で、一九一五年に住民のために国立カンドージー植物園がつくられた。ハミンは、私をその植物園に連れていき、町の中は回らなかった。私も要求しなかったし、時間もなかった。ハミンもあまり乗り気ではなかったのかもしれない。ピンウールィンはつくられた当時はメイミョーと呼ば

植物園に咲く花

植物園の中を散策する

ピクニックを楽しむ家族

れていた。メイはそれを設計した人の名前で、ミョーはビルマ語で町という意味。海抜一〇四四メートルの丘の上にあるので、海抜七四メートルのマンダレーに住む人にとっては避暑地のようだったにちがいない。最初は主にマンダレーの役人が多かったが、ヤンゴンからの鉄道が通ってからは、ヤンゴンの役人も大勢利用するようになり、今でも町中の建物は植民地時代の面影を残しているという。

四三五エーカーもある広大な土地に、カンドージー湖を中心に四八〇種類もの植物を植え、動物や鳥類も集め、プールや遠くを眺められるような高い塔を建てて、遊園地のような植物園をつくった。そして手入れがゆきとどいているのだ。大勢の子供が走り回り、家族がピクニックなどを楽しんでいるのに塵一つ落ちていない。ビルマ人は他の東南アジア人と同じようにゴミをどこにでも捨てる習慣があるのかと思っていたが、少なくともこの植物園ではまるで違う。

さらに驚いたのは、このような植物園が私の生まれるずっと前に作られたという事実だ。このように大きくて自然の中におさまって整っている植物園は見たことがない。やっぱり来てよかった、フィオスは正しかったと認めざるを得なかった。もっと時間をとって、街の中や、その中にあるマーケットなどの散策もしてみたかった。

ピンウールィンの町外れに日本人墓地もあると旅行案内書には書いてあったが、場所が複雑でたどり着くのが難しいとも書いてあった。日本人墓地はビルマのどこに行ってもある。ハミンに頼んでも多分行きたがらなかっただろうし、行っても見つからないかもしれないから、別の機会を願ってあきらめることにした。

このピンウールィンという避暑地が築かれ、植物園が建設されたのは、日本では、明治二十九年。明治二十七、八年の日清戦争を経て、ヨーロッパ、ロシアの国々のアジア進出が激しくなり、日本も富国強兵に乗り出した頃であった。

❖春塵や夕日まあるく森の上

❖春風のみごと雲みな吹き飛ばし

ミャンマー人の顔の黄色の粉は？

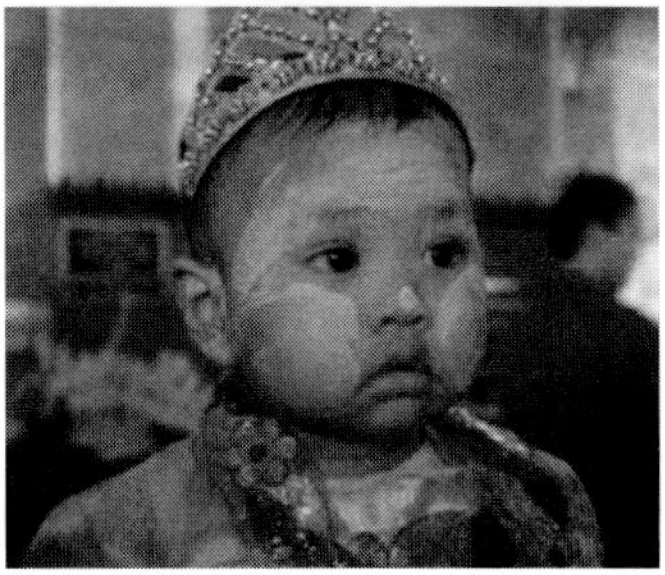

女性や子どもの顔や腕に黄色の粉が塗られているのをよく見かける。これはタナカというミカン科の木の皮をすりつぶして粉にしたもので、日焼け予防効果があるとされている。香りもとても良い。

バガンとインレー湖

タラバー門

ビルマの民族とその問題

フィオスの計画によれば私はこのピンウールィンの町に一泊する予定だった。ここは観光地であるからかホテルは満室が多く、適当なホテルを見つけるのは難しかった。何軒もあたってやっと取れたのが、スイーティ・ホテル。ホテルの前には「カラオケ」と書かれた看板の店もあり、その隣は、仏教の僧院のようでもあるが、「インターナショナル・メディテイション・センター」と書いてある。環境的にもそんなに悪いようではない。

チェックインの手続きが終わるのを待って、ホテルのマネジャーが近づいてきた。

「アナタは英語が話せますね、私、英語わかりますから、何でも聞いて下さいね」

心底びっくりした。ヤンゴンを出てからこの旅で本当に困っていたのは言葉が通じないということで、これほどこの国の言葉ができないことがハンディになるとは思っていなかった。たまに英語ができる人がでてきても、こちらの質問を正しく理解してもらえない。言葉ができないということはこれほど苦しいことなのだということを今回ほど身につまされたことはなかった。

「何でも？　今まで聞きたいと思ったことがあっても聞けなかったことがたくさんあるんです。

みんな聞いてもいいですか？」

「もちろんです。知っていることは何でも答えますので、遠慮なく」

「どうして英語がそんなに上手なんですか？」

とても不思議だった。それもヤンゴンとかマンダレーのような大きな町でもない、小さな町でこんなに英語がきれいに話せる人がいるなんて……。

「実はボクはここの者じゃないんです。カチン人なんです」

「カチンといったらずっと北にある州？　カチンで英語を？」

「いいえ、違います。ここに来る前マレーシアに行ってました。そこで英語を話していました」

泊まったスウィーティーホテルのマネジャー

ビルマ人にとってマレーシアは特別な国に違いない。出稼ぎに行きたいとか、大学院に行きたいとか、そういう希望をかなえてくれるところがマレーシアらしい。

「マレーシアには七年いました。始めからボクは優秀なホテルのマネジャーになりたいと思っていましたから、マレーシアでもホテルで七年間働いてここに帰ってきたんです。このホテルでは二年ほど前から働いていますが、もっと良いホテルにしたいと考えていますので、何かあったら教えてください」

このホテルも拡張工事をやっているらしい。ここもやはり観光ブームで大繁盛しているのだろう。

「このホテルについては何も質問はありませんが、ビルマの国について質問があります」

「どうぞ、どうぞ」

「私は教育者なので、ビルマの教育制度について質問があります。ビルマでの義務教育って、何歳から何歳までなんですか？」

「ご存知でしょうけど、今ビルマはいろいろなことが変わりつつあります。教育制度も変わると二日前の新聞で読みました。義務教育というのは特別にありませんが、でも五歳から十歳まで学校に通わせることを奨励していました。今度は六歳から十一歳まで義務教育になるということです」

「英語は何年生から始めるんですか？」

「小学校の一年生からです」

その答えにはびっくりした。

「一年生からですか？　それで一週間に何時間くらい？」

「毎日です」

その答えにも驚いた。キンウーの英語の先生もそう言っていたから正しいに違いない。それでも英語が話せない、わからないというのは、結局教え方に問題があるのかもしれない。

「我々仏教徒のビルマ人には義務教育の他に仏陀への義務があります」

「どういうことですか？」

「それはビルマ人の男性は誰でも六歳から一生のうちに一週間でいいから僧院で仏陀に仕えるということをしなくてはならないんです。そうすることによって、仏陀から特別な加護を得ることができるんです」

「男性だけ？」

「女性は尼僧院がありますからそこへ行くことができますが、男性に対してのような義務ではないので行かなくてもいいんです。そのかわりに、六歳になったときに耳飾りを受け取ります。それをつけることにより、仏陀の特別の恩恵を受けるのです」

「それでは男性も女性も恩恵を受けるんですね」

「そうです。もし孤児になったときには、僧院は受け入れてくれますし、老人になって、誰も頼る人がいない場合にも僧院が引き取って面倒を見てくれます」

「それはいいですね。僧院は政府の援助があるんですか？」

「いいえ。僧院はすべて、一般の人のお布施や寄付でまかなっているんです。政府は関係していません」

「政府といえば、これからのビルマの政府はどうなるのでしょう？」

「これからどんどん良くなるでしょう。今までは政府イコール軍隊でした。でも今はそれが切り離されました。ですからもっともっと民主的な政府になる可能性がでてきたんです」

マネジャーは何でも答えてくれた。そして自分の国の行く末に対して非常に楽観的なのも魅力的だった。

自分はカチン人だと最初に言ったのは、それだけカチン人としてのプライドを持っているからに違いない。カチン州は行きたかったところの一つだったが、遠過ぎるというので今回も見送ることになったのだ。カチン州は十年前は外国人は入れなかった区域だったが、今はカチン州の北部をのぞいてほとんどの所にいける。しかしそこへ行くまでが大変だ。

「カチン州でいつもトラブルがあると聞きますが、中国との国境に近いところですね。中国とも何かトラブルがあるんですか？」

「いや、いや、トラブルはビルマ人同士です。つまり、カチン人は独立心が強いですからビルマの支配下に置かれたくないんです。特にビルマの軍事政権下に。トラブルは独立を欲しているカチン人とビルマの軍隊の戦いです。時にはカチンの方が負け戦になって中国側に逃げて行きますが、そうするとビルマ軍はその逃げたカチン人を追って中国の国内に入って発砲し、今度は中国の軍隊が報復します。そんなことの連続なんです。カチン北部と中国との境界あたりには、中国で共産党が政権をとった時に逃げて来た国民党の人たちがかなり多く住んでいます。そして、その人たちは今麻薬を栽培して生計を立てているんですよ。

その辺はイギリス植民地時代にも自治区になっていましたし、今まで放任状態だったんです。ある意味では独立国のようだったんです。それをビルマ政府が立ち入って統治しようとするからぶつかるんです。でも最近は条約が結ばれたようですよ。でも完全じゃないんです。カチン側は完全にビルマ側につくことに同意していませんから。一時的に戦いを止めているだけで、武装を解除したわけでも何でもありませんから、何か機会があったらぶつかり合いますよ」

「アナタはどちらについているんですか？」

「ボクは生活が第一です。ボクは優秀なホテルマネジャーになりたいんです」

ごもっとも。

「長い間、ビルマはイギリスの植民地だったけれど、一番影響を受けたのは？」

「それはいろいろあるでしょうけど、ボクが一番だと思うのは、テーブルマナーかなあ。ビルマにはあのようなテーブルマナーはありませんでしたからね」

なるほど。その影響なのか、手を使って食べているビルマ人はあまり見かけなかった。ある旅行案内書には、それがローカルの習慣だから皆さんも試してみてください、と書いてあったが、時代はどんどん変わり、手で食べることを止めてしまったのかもしれない。かといって、イギリス式のテーブルマナーのように、大小のスプーンやら、フォークやらをたくさん使って食事をするというのではなく、ほとんどはスプーンだけで食べるが、時にはフォークを使うこともあるようである。

「いつかカチン州に行きたいけど、今は自由に行けますか？」

「行けます、行けます。危ないのは山岳地方ですから。もし行きたければ教えて下さい。案内します」

こんなに英語のわかる人に案内してもらえたらどんなにか良かったろう。でも今回はあきらめるしかない。

カチンはビルマの最北端にある州である。山岳のきびしい環境の中での生活を強いられてきたせいか、戦いにおいては民族の団結力が強く、作戦も巧みなので、手強い相手として通っている。

イギリス植民地時代にはカチンはイギリスの支配下には入れられず自治区として存在していたが、イギリスはキリスト教、特にバプテストとカトリックの宣教師を多数送った。当時はほとんどがナッ精霊信仰者だったカチンの人たちをキリスト教信者に改宗すべく非常な努力をした。その結果として、現在は約半分のカチン人はクリスチャンだと答え、ほとんどがバプテストで、一国の信者の割合は、世界第三位だという。

ビルマのほとんどの民族は今でも伝統的な民族衣装を着続けているが、それをすてて西洋の洋服を着ている人の割合はカチン州が一番高いと聞く。とはいえ精霊信仰は完全には捨てきれないでいるようだ。

ビルマという国にはカチンばかりでなく、シャン、カヤ、カイン、チン、ヤカイン、モン、バーマー等と民族の数が多い。話されている言語も細かく分ければ一三五種類もある。今でこそバーマー族がビルマ国の統治権を主張しているが、紀元前八五〇年頃はインド系のヤカイン族が占領していた。その後、紀元前三世紀にはモン族が支配し仏教も広まっていた。紀元前八世紀になって、ピュー族が同じ地域に都市を開き、モン族と共存し、都市は栄えるが、十一世紀になると、バーマー族が支配するようになり、ビルマ統一をはかろうとした。当のピュー族はほとんど殺されるか他所へ追いやられるかして消滅してしまった。

十三世紀には、モンゴル（元）の襲撃があったり、マルコポーロが訪れたりしたが、バーマー族は次第に勢力を落としていく。それにつけこんで十四世紀になるとシャン族が王国を築いた。十五世紀になると、周辺の地域に潜伏していたヤカイン族もモン族もそれぞれ王国を再建した。十五世紀には、モン国の勢力も強まり、ヨーロッパとの交流もはじめた。

しかし、十六世紀になるとシャン王国が勢力を増し、十六世紀の半ばにはついにシャン族はバーマー族の助けを得て、モン族を追い出すことができた。それもつかの間、バーマー族はシャン族を裏切って、その辺一帯を支配下に収めることになる。その地域をミャンマーと称して統一をはかった。後にイギリス人によってビルマと呼ばれる地域である。しかし当時は国境線がはっきりしていなかった。バーマー族にとっては、昔からのしきたりから、その地域にシャン族が住んでいたのであるから、シャン族を破れば自動的に自分達の国になると考えたのである。ところが、インド側はその近辺はインド領と考えていた。したがって、インドを植民地にしたイギリスも当然その地域をイギリスの統治下に置いたのである。そこへバーマー族が入ってきたのであるから違法侵入である。そして衝突するに至る。

イギリスが重要視したのはビルマの中央部、つまり、マンダレー、バゴー、ヤンゴン、エーヤワディー等と周辺の地域で、管区として統治下においた。そして、カチン、シャン、カヤー、カイン、モン、タニンダーリ等は州と呼ばれていて、これらの州は自治区であった。しかし、これらの地域はインド、中国、タイ、ラオス、バングラデシュと隣接しており、その国々と小競り合いが絶えなかった。その上、ビルマ独立後は、中央政府と対立することになった。しかし現在は、ほとんどの州がビルマ中央軍事政府と和平条約を結ぶに至ったと聞く。ただカチン州だけは、毛沢東に追われてカチン州に逃れ定住した中国人の勢力が強く、いまだに和平条約は結ばれていない。

ビルマという国は、今は国の中で、それぞれの民族が我も我もと主張し合っているように見える。この国で平和を築くためには、民族としてのプライドを捨てなければならないのではないだろうか。プライドを持ちながら、それぞれ相手の民族を尊敬し合い、平和に存続しあえるようになったら、多民族国家のモデルになるだろう。そう願っているのだが。もしかしたら、アメリカのような国がよいモデルになるかもしれない。

❖豊潤の実り夢見て畑打つ

❖春の雨集ひて待ちぬビルマの夜

旅の途中で見かけた行列

得度式へ向かう行列。主役の少年は着飾り、化粧もする。親類から近所の人までみんなで送り出す。少年は十戒を受け、一週間ほどの僧院生活をする。ちょっとした村のお祭りのようだ

ビルマ人の宗教観

マンダレーの次に行く予定になっていたのがバガンだった。

バガンに近づくにつれて家屋の数は多くなってきていたが、それでも四百年も続いた帝国にしては、家がちらほらと淋しげに散らばっているのは不可解だった。運転手のハミンはなぜかバガンに行く前に何の説明もなく、それが通常の観光ルートだからとポッパ山に寄った。

訪れるまではビルマは仏教国というイメージが強かった。実際ビルマに着いて観光を始めても、主な観光目的であるパヤーは観光客の姿ばかりでなく、いつもビルマ人の参拝者でごったがえしている。朝起きたらすぐ、仕事へ行く前には必ず、仕事が終わったらちょっと参拝してからという具合に、参拝は日常生活の中にとけ込んでいる。そして手を合わせている表情は真剣そのもので、ビルマは仏教国というイメージは拭いがたい。しかし国内を旅していくうちに、仏教以外の信仰もあり、人々の胸に深く宿っている神の存在がだんだんはっきりしてきた。それはナッ神の存在である。ナッ神信仰は仏教がビルマに紹介されるずっと以前から存在していたようだ。

最初にビルマに仏教をもたらしたのはモン族だと言われる。モン族は中国、タイあたりから移住して来た民族である。首都をタトンに置き、五～九世紀頃その全盛期を迎えていたが、紀元前三世紀頃からすでに仏教は紹介されていた。その証拠にはアショカ王が伝道師を送ったということが記録されている。しかしそれは最も古い形の仏教でテーラワーダであった。十世紀には、今はスリランカと呼ばれている国からシンハリ族の伝道師が送り込まれた。その宗派はマハーヤーナ。その頃のビルマ周辺では、モン族はすでに追われる身で、バーマー族が勢力を伸ばし始めており、ピュー国と呼ばれていた。仏教を信仰していたが、テーラワーダ、マハーヤーナ、それに近辺のチベット密教が複雑に混じったものだった。

バガン時代の初期、その時王であったアノーヤター（Anawrahta）王は、バガンで信仰すべき仏教はテーラワーダでなければならないと命じた。それ以来、テーラワーダ以外の宗派、マハーヤーナや密教は受け入れられず、ヒンズー教、イスラム教、精霊ナッ神教などの入り込むチャンスは表向きにはなかったのである。しかし、不思議なことにはこれらの三つの宗教は今でも健在なのである。

その中でも一番広まっているのは先住民宗教のナッ信仰である。ナッは精霊のことで、ビルマ一帯に住んでいた人々は仏教が紹介される前にナッ神を信仰していた。ナッ神は自然界のどこにでも宿っている自然霊で、従って何でもナッ神になる可能性があったが、特に人々が礼拝したのは非業の死をとげた人の霊で、死後その霊が人々に災いをもたらさないようにと願ってそれらの霊を慰め礼拝した。

バガン時代、一〇五七年にアノーヤターがモン族の築いたタトン王国を征服し、バーマー族

（ビルマ族）の王国を築いた。王の座についたアノーヤターは自分の築いた国ではテーラワーダ仏教だけを国教と定めたのであるが、賢明にも民衆がそれまで信じていたナッ神を禁ずるのはかえってよくない、仏教信仰を拒否するかもしれないと考えて共存させることにした。ただし、信仰するべきナッ神を三十六神と決め、それらの神の最高位にヒンズー教の神の一人であるタガミン（Thagyamin）を置き、ナッ神を仏陀に従えさせることにしたのである。こうしてナッ神も仏教神はインド神話の中では仏陀に忠誠を誓ったとされているからである。タガミンもすんなりとビルマ人に受け入れられたのである。

ちなみに、バガンに行く前に立ち寄ったポッパ山は山全体がナッ神に捧げられた山であった。アノーヤター王以前には、ポッパ山でおこなわれていたナッ神祭りは大きな行事の一つだったらしい。その頃の人々は動物を生贄にして祝っていたのだそうだ。しかし、仏教徒の王としてアノーヤター王は動物殺生を禁じたので、それからは動物を犠牲にすることはなくなったが、祭りは続けられ、今でも全国から参加者が絶えないという。その祭りは年に二度あり、一度目は五月か六月の満月の夜に始まる。私の行った三月は早過ぎて見ることができなかったのは残念だった。

ナッ神とはビルマ人にとって何なのだろうか。独立した神としてナッ神を祀ることを認めていないアノーヤター王も、自分のナッ神は指名している。非業の死を遂げた者が神格化されてナッ神になるのである。ポッパ山に祀られている神はアノーヤター王が指名したかもしれないが、ナッ神の信仰はアノーヤター王の時代以前からあるのだから、それ以外の神が信仰されて

ポッパ山で修行した聖人ボー・ミン・ガウン

こちらもボー・ミン・ガウン

ナッ神

も不思議ではない。ナッ神信仰はもともとは自然の精霊の信仰であり、木でも山でも聖なるものと感ずるものは何でもナッ神になりうる。だからナッ神はビルマ国中に存在するのだ。そして人々を守っている。そして後からきた仏陀さえも守っているのだ。仏陀の像の片隅にナッ神をそっとおき、仏陀を守らせるという光景も時々見られた。

ポッパ山にまつわる面白い話がある。王に忠実でなかったということが理由で処刑されたミンギ、ミンレイという二人の兄弟の話である。アノーヤター王は彼等を処刑したものの、そのたたりを恐れて、彼等二人を処刑した場所タウギオン（Taungbyone）に神社を建てた。それが、今二大ナッ神祭りの一つとなっているとのことである。この二人の霊は年に一度、ポッパ山、タウギオン（Taungbyone）を支点に、中国を含む一帯を巡回するのだと信じられている。さらに面白いのは、そのミンギ、ミンレイをたどればその祖先はイスラム人なのである。ビルマは仏教国の建前をとっているが、古代からイスラム教や、ヒンズー教に対して寛大で、自然に共存が許されていたようだ。

ポッパ山を訪れた時、お祈りに来た人がナッ神にお供え物として現金を上げる様子を見て非常に不思議に思った。そのような光景は仏陀を祀っているパヤーでは見られないことだ。仏陀には花や線香をあげ、お金を上げる場合にはお賽銭箱のようなものがあって、そこの中に入れるという日本人にもおなじみの光景である。しかしナッ神には花や線香もあげるが、現金を直接手に持たせるのだ。ナッ神の中には持ちきれないほどの現金があげられていることもある。

ビルマ人はナッ神に祈ることによって、金をもっともうけたいとか、商売がうまくいくようにと祈っているのかと想像していたが、そうではなかった。よく聞いてみると、そのナッ神は生前賭け事が好きで、酒飲みだったので、死んだ後、お金が足りなくて遊び足りなかったりして、そのことで後で恨まれることがないようにと前もってお金をたっぷり供えるのだそうである。そういう発想は思いやりがあって、いかにもビルマ人らしいではないか。

ナッ神は仏教徒であればどこででも信仰されているようだったが、ヒンズー教徒でもヒンズー教の神の一人と考えてすんなり受け入れているようだ。けれども、一神教のキリスト教はイエスを守る神と受け入れているのか、イスラム教はどうなのかわからなかった。

ビルマのキリスト教信者は山岳地帯に住む少数民族なので、今回会うチャンスがなかったし、イスラム教徒のハミンには英語が通じないので聞けなかったが、ナッ神の中にはイスラム人もいるのでナッ神信仰は受け入れられているのかもしれない。だからハミンはバガンに行く前に、このポッパ山に寄ったのかもしれない。

❖酒好きの神をも祝ふお祭り日
❖砂埃被りてすいか買い手待つ

壮大な土地に過去を誇るバガン

ポッパ山参拝の後、バガンに向かったが、イスラム教徒のハミンにとっても初めてのバガン入りだったらしく、宿を探すのもなかなか大変だった。何度聞いただろうか。それでもやっと見つけることができたが、ハミンにとっては全然面白くもないところのようだった。というのは、バガンは昔の栄光の史跡の観光地であって、人が住んで町になっているわけではないから、モスクがないのだ。

ハミンは時々お祈りといって、モスクの中に入っていってなかなか帰ってこないことがあるが、ここではお祈りができなかった。その代りなのか、バガンに夕方着いて、翌日、さてこれからお寺回り、と心浮き浮きしている客の気持も無視して、洗車場を何人もの人に聞きながら探し当て、先客が終わるまで三十分は待ち、それから三十分以上かけて車を洗ってもらい、その間、悠々と木陰に坐って煙草をすっているのだ。バガンは二日しか予定していなかったから、私は気が急いていたが、そんなことはおかまいなしだった。何か言いたくても、一言も英語がわからないし、こちらはビルマ語が話せないから手も足も出ない。

バガン一帯は紀元前から栄えていたとされるピューの町に三世紀頃はもうすでにモン族が定

着していて、モン族が最初に仏教をもたらした人種と考えられている。もともとがピューの町だったので、最初はピューガンとか、ピューカンとか、パガンとかと、呼ばれて栄えていたが、一九八九年に軍事政権がバガンと呼ぶように命じた。

最初に城壁であるタラバー門が造られた。それが八四九年頃で、バーマー族が一〇五七年頃モン族を制覇してからは仏塔造りが盛んになった。当時は王家をはじめとして、勢力を誇る部族が競って、事あるごとに仏塔を建て、数もさることながら、優秀な建造師を集め、すぐれた仏塔を建てることに多額の富を費やした。それが二五〇年も続き、四千個ものおびただしい数の仏塔が建てられたのだ。

一二八七年にはモンゴル族に襲われ、それから荒廃の道をたどるのだが、一説によると、荒廃の原因はモンゴル襲撃ばかりでなく、シャン、モン、バーマーなどの民族間の争いがひどくなったからだという。ビルマでは長い歴史を通じて異なる民族の勢力争いが絶えないようだ。

争いの結果として、一五五〇年にバーマー族のひきいるタウングー王朝が興り、首都をバゴーに移したので、バガンはそれから衰退の一途をたどることになる。そして、それまでにバガンに造られた四千もの寺院や僧院はほとんどが長い間放置されることになる。その上、一一七四年から一九七五年までに十六回もの大地震に見舞われ、特に一九七五年にはほとんどの建物が壊われてしまったという。

ほとんどの仏塔は崩れかけていたが、一九九〇年頃から観光客を呼び寄せることを考えて政府が建て直しをすることにした。しかし、結果として、あまりに昔の面影を無視したというの

バガンへ行く途中にあった木の橋。隣に新しい橋を建設中

シュエズィーゴン・パヤーの仏像

スラマニ寺院

バガンの観光馬車

タラバー門のナッ神の
まつられた小室

バガンの日没

で、世界遺産には選定されなかったのである。それにしても、四十平方キロの広大な土地に乱立している見るべき価値のある建物には圧倒される。

バガンは長い間見放されていた土地なので、道路が舗装してあるのは、外国人専用のホテルへ客を運ぶバスが通る道だけで、四千もある寺と仏塔の間は舗装などされておらず砂埃がすごい。私が訪れた時期は乾期の終わり頃の三月だったから、砂埃はすごかった。多分ハミンはそんなことを知らなかったのだろう。洗ったばかりの車はたちまち砂埃に包まれてしまった。

ハミンは、走り書きのよれよれの紙をかざして、その辺にいる人に聞きながら寺院めぐりをしようとしているようだ。書いてあるのは案内すべき寺や仏塔の名前だろうか、十ぐらいあった。ついにハミンはあきらめたらしい。道はあるようでなくて、土地の者以外にはよくわからないようだ。車を停めて女の子に聞いていた。この辺に案内人はいないかと聞いていたのかもしれない。

すると、ハミンに答えていた二人の女の子が前の座席に坐るではないか。十歳と六歳ぐらいだ。最初は女の子が自分たちの家に連れていってと頼んでいるのかなと想像していたが、やがてその二人の女の子がパゴダに案内する役目を仰せつかっているのだとわかった。途中で畑をたがやしている女の人のところに年上の女の子が走って行って、何かを話して戻って来た。母親の許可をもらっていたのだろうか。

こうして、砂埃を浴びながらのバガン観光だったが、行きたかった所はかなり省かれて、結局六ヶ所ぐらい廻っただろうか。それでも夕方、シュエサンド・パヤーの日没にはやっと間に合い、他の観光客と一緒に日が没む光景を見ることができた。その日の日没は春霞のせいか埃の向こうにぼやけて悲しそうに見えた。

寺院や僧院や仏塔が点在する四十平方キロの広大な土地は、木もなく、家並みもなくぼんやりとした景色で、ただ沈黙しているようだった。考えてみると、その土地には長い歴史が積み重なっている。八四九年、最初に建てられたというタラバー門を初めとして、一二八七年のモンゴル人の侵入までのほぼ四三八年の間に歴代の王は時代を反映した建築スタイルで最高の寺院や仏塔を建てようと競い合った。その時に建てられたシュエズイーゴン・パヤーはそれ以後にビルマで建てられたすべての仏塔の見本になっているという。

しかし時代が過ぎて、モン族は追われ、ビルマ族（バーマー族）がその辺を制覇するようになると、仏教、特にテーラワーダ仏教が次々とビルマ族の王に引き継がれ、バガンに黄金時代を築き上げることができたのである。しかし一二八七年にモンゴル人が侵入してきた時、当時王だったナラティハパテ（Narathihapate）は自刃し、バガン時代は終りを告げた。同時にバガンは廃墟と化していくことになる。そして再びビルマが一国としてまとめられるのには他民族と何度も血なまぐさい戦いをし、身内の者を殺すという歴史を経てからになるのである。

シュエサンド・パヤーの屋上から夕日の沈むのを見ながら、ビルマの国の栄枯盛衰を思った。代表的な民族が十六もあり、その他の小さなグループは政府が認めているだけでも一三五種類もの言葉の異なる民族が入り混じって、この国に昔から住み着いているのだ。そして、国のリーダーは、今でこそビルマ人であるかもしれないが、歴史をたどれば、時代によってモン族であったり、シャン族であったりしたので、その度に戦いに敗れた民族は、勝った民族の奴隷になるか、追い出されるかの歴史を繰り返してきた。そういう民族間では時間がたっているからといってもやはり何らかのわだかまりがあるに違いない。

夕日がすっかり沈んであたりが薄暗くなったころ、観光客は我も我もと先を争って自分の宿に去っていくのであるが、私もそれがその日の最後で、後は寝るばかりだった。

翌日はもう帰路につかなければならなかったが、その前にまだまだ見ていない所もたくさんあることに気づいた。それで、バガンを去る前に、ハミンが迎えに来る前に、行っていない所を馬車で見てみようと思った。ハミンは朝十時に来ると言っていたのだから時間は充分にある。馬車はタクシーよりもゆっくりかもしれないが、風情があるではないか。二時間チャーターした。

最初に行ったところはタラバー門。このタラバー門をくぐってバガン入りをしたのだが、ハミンからは何の説明もなかったが、歴史的にも大切な建物だと思ったから、もっと近くから見たいと思ったのだ。タラバー門の両方の柱は幅一メートルぐらいであるが、そこには穴がくりぬかれていて、その中には像があるではないか。そして土地の人が絶えることなくお供え物を持ってお祈りにきている。その像は仏陀ではない。ナッ神である。

タラバー門の側には遺跡があった。今その遺跡の発掘が始まったばかりだ。バガンの考古学的な研究はこれからなのだろう。考古学的な発掘や研究は国が平和な時でなければ難しい。ビルマの国はあまりに戦いが多過ぎた。そしてまだ終わっていない。しかし、遺跡の研究が始ま

托鉢する
子ども僧

バガンで見か
けた老人ホー
ム

バガンからの
帰りに見かけ
た岩山。頂上
に寺院が

ったことはひとまずめでたいことだとしなければならないだろう。
もっともっと寺院をまわれると思ったが、二時間はすぐにたってしまった。タラバー門はバガンの町の入り口にあるので時間がかかったのだ。ハミンの待つホテルに時間ぎりぎりに戻ったが、バガンの旅はあれこれと残念な思いの残る旅になってしまった。

❖炎天下埃に消えし仏陀の塔
❖春塵や夕日まあるく塔の上

すっかり観光地化されたインレー湖

ビルマのインレー湖は、足でボートをあやつりながら漁業を営むインダー族がすんでいることで有名である。最近の観光案内書には、「水は青く澄み渡り、晴れた日には湖面は日の光により、まさに七色に変化する」などとも宣伝されている。昔は貧しい漁村であり、人々の暮らしも決して楽ではなかったことは察しがつくが、どのツアーにもインレー湖が入っている。多分そこを観光地化することで生き延びようと考えたのであろう。

フィオスも私が希望しなかったのにインレー湖を入れていた。私のリストにはインレー湖のかわりにキンウー村が入っていたのに、フィオスはビルマを観光するならぜひインレー湖をという気持があったからか、キンウー村を除いてインレー湖を入れた。

インレー湖の観光の拠点ニャウンシュエに午後五時頃着いた。ここもホテルの予約はとってなかったから運転手のハミンは空いているホテルを見つけるのに、二、三軒回らなければならなかった。やっと見つけたホテルのマネジャーは中国系ビルマ人らしくテキパキしている。私が落ち着くとすぐ、「半日？　それとも一日？　今決めて！」と迫ってくる。インレー湖観光は船を使うので前日に予約を入れておかなければならないのだという。そばで聞いていたハミンは、「一日ツアーにするように」としきりに勧めている。

フィオスの予定によると、インレー湖には二泊となっており、一日ボートでインレー湖に浮かぶ島々をめぐり、それまでの旅の疲れを休めるようにというフィオスの思いやりがあるのかなと思い、そのつもりになってゆっくりその夜は眠ったが、翌日起きるとハミンがホテルに来ていて、

「チェックアウト!」と言う。

「チェックアウト? 今日ボートに乗るんじゃなかったの?」

ボートにまず乗って、帰って来たらすぐ出発したい。今チェックアウトしてからボート乗り場に連れていってあげる、ということを、両手を振り回しながら私に伝えた。朝食もそこそこに、広げたばかりの荷物をまとめてスーツケースに詰め込んで下に運んで行くと、ハミンはすぐその荷物を受け取り、車の中に入れてしまった。何ということだ。私が眠っている間にホテルのマネジャーと喧嘩でもしたのか、なぜ急に予定を変更したのか、その理由はさっぱりわからなかったが、とにかく「急いで!」とボート乗り場に連れていかれた。

一人でゆったりと、自分の行きたいところを、自分のペースで回るというのではないらしい。ボートには私以外に五人の観光客が同船していて、一緒に島巡りをするようだ。一日ツアーの客はどの島に案内するかコースが決まっているらしい。

インレー湖には、たくさんの浮島があるが、その中で、織物をやっているところ、煙草を作っているところ、草木を使って紙を作り日傘やノート、電気スタンドのかさを作っている島な

どをめぐり、工場を見学し、お土産を買ってもらおうという魂胆なのだ。島に到着するたびに小さな船は左右に大きく揺れ、乗り降りは大変でもあったが、それも旅を面白くしていることの一つかもしれない。

工場見学は、それまでにも同じような趣向を何度も見ていたのでそれほど楽しくなかった。ただ、蓮の繊維を糸にして織物を織る作業には驚かされた。手作業が実に細かいのだ。蓮は花を見て楽しみ、実や根っこを美味しく食べるだけだと思っていたが、その茎の繊維から織物を織るなんて、と感心してしまった。ぜひ手に入れて、友達や家族に見せて蓮のすばらしさを伝えたいと思った。

出来上がった布の淡い色、ふんわりとした肌触り、今まで経験したことのない感触は素晴らしかったが、値段もすごい。高すぎて貰うのはあきらめざるを得なかった。こんな高価な布地を誰が使うのだろうか。王朝時代には宮廷に献上する義務があって、技術が発達したのだろうが、王のいない今は誰のために生産するのだろう、などとさまざまな思いが頭をよぎった。今は仏像に着せるために織っているのだという噂も聞くが……。もちろん大金持ちの観光客もいるであろうが……。

次の島では三人のロングネックのパダウン族が昔ながらのやり方で織物を織って見せていたが、なぜそこにパダウン族がいるのか。聞いてみたが、パダウン族の人は英語が話せないし、店で働いている売子たちも質問に答えることができない。タイやベトナムを旅行した時も、珍しい習慣をもつ民族としてロングネックの人々が観光案内所で紹介されていた。

バダウン族の女性

蓮の茎から繊維を取り出す

観光客を待っている舟

インレー湖の魚とりの風景。足で舟を操り、両手を自由にして魚をとる

インレー湖の住宅

インディンに放置されたままになっている仏塔

パダウン族はもともとシャン州に住んでいたが、一九八〇年後半から一九九〇年の初め頃にかけてビルマの軍政府と衝突した。大勢の人がタイに逃れ、そこからベトナムの北方にも住むようになり、今は北方民族と考えられるようなった。ビルマに残ったパダウン族は、現在カヤ州に二万人、シャン州に二万いると推定されている。そういえばインレー湖はシャン州にあった。

ビルマ政府は女性が首に金属を巻くような風習はやめるようにと指導しているらしいが、まだここではその風習は続けられており、むしろ増える傾向にあるという。そうして育った老人は急にはやめられないだろう。それまでつけてきたコイルを外すと、首が立たず折れてしまい、それこそ命を落とすことにもなりかねないのだ。若い人たちはそういう風習には従っていないのかと思っていたが、そこにいた三人のうち一人はかなり若く見えた。そして観光客と写真を撮ったりしているのが理不尽で見ていられなかった。

パダウン族の女性が首にコイルを巻く習慣は、牝の龍と人間の男性が交わって生まれた先祖の民話による。コイルを首に巻いた姿は龍のようで、美人のシンボルになった。しかも、首のコイルは、虎から身を守るため、また他民族に捕らわれた時でも奴隷にされないためと信じられていた。その伝統が今まで続いてきたのだ。しかし、自国の政府のやり方に反対したため国を追われ、他国で避難民として扱われるようになり、自由な生産活動ができなくなった今では、観光によって生活の糧を得なければならない。

ロングネックと言っても、実際に首が長くなるのではなく、首の回りに付けられた金属の重さで、肩や胸部の骨の成長が止まってしまうので、首が長く見えるのだという。つまり奇形を作るしかけなのだが、コイルを巻き始める五歳の子供はそんなことを知るはずもない。

では、パダウン族の女性を連れてきて見せ物にしたら、そこで売られている絹や綿の織物がどんどん売れていくかというと、そうでもないようだ。インレー湖の島々でも煙草や塗物、銀細工や木彫りの製造行程をいろいろと工夫して見せているが、観光客はなかなか買わない。

インレー湖に浮ぶ島にはお寺や仏塔もある。インディンというところに立ち並ぶ千基もの仏塔は見事だった。仏陀の死後二百年頃に仏陀の骨を祀るために最初の仏塔が建立され、十七世紀から十八世紀にかけて千以上もの仏塔が建てられたが、今は野ざらしで、崩れかかっている。それはそれで風情があり、私のような観光客には楽しめる風景であるが、どうしてこうなってしまったのか、そして真新しい仏塔が建てられたのはなぜか、素朴な疑問が沸いてくる。

ビルマの仏塔めぐりでガッカリすることがある。仏陀が安置されているところに「女人禁止」のところがあることだ。ここもそうだ。その立て札の前で、オーストラリア人の女性五、六人が坐って中に入っていった男性たちを待っている場に出くわした。「これどう思います?」と思わず問いかけてみたい衝動にかられたが、「これはビルマの風習です」と素直に受け入れている様子だ。考えてみると、私自身も何度もこんな場面に出くわしてきたが、受け入れてきた。

その後ファンドーウー・パヤーを訪れたが、このパヤーはインディンのパヤーよりは今でも使われているようで、ビルマ人も大勢お参りしていたが、やはり肝心なところで「女人禁止」

であった。ホールの中央が祭壇のようで、四方から見えるようになっているが、中央に五体の仏像が安置されているらしい。らしいというのは、いつごろからかその仏像に金箔を貼る習慣ができて、貼った金箔の量があまりにも多いため仏像には見えず、ただの団子のようになってしまったのだ。女性は団子のようになってしまった仏像を四方から見ることは許されているが、仏像に触ることはできない。金箔を貼りたいと思ってもできないのだ。仏教には女性を差別する考え方があるのか、お釈迦様は何と言っているのか。これも大きな疑問になって残った。

島の民家めぐりは面白い。津波などはないだろうが、大きい台風はこないのだろうか。家は細い木で簡単に作られているように見える。電化製品なども無いようだが不便を感じていないようだ。金銭的に貧しくても、魚は湖から取れるし、水草を土台として湖の泥を積み上げて作られる浮き畑でトマト、茄子、胡瓜、唐辛子などを栽培しているとのことで生活には困らないのであろう。

島全体がレストランになっているところがある。インレー湖めぐりをするほとんどの観光客はここでランチを食べるそうである。ビールを飲みながらおいしいビルマ料理を食べるのは壮快なものだ。ビールを飲まない私でも大いにエンジョイできた。

遠くには山々が聳えているのが見える。こんな風景を観光案内書に書いてある風光明媚というのであろう。

ゆっくりランチを食べていると、インレー湖で有名なインダー族の魚取りの様子が見られたが、想像していたほどの数ではないし、たくさん魚が取れているようでもない。もしかしたら、観光客がボートで右往左往しているのでそれに邪魔されて魚が取れなくなっているのではないかと心配になった。

飲料水は井戸を掘って汲み上げるらしいが、高価なので、湖の水を飲み、洗濯もここでする人も多いようだ。

ボートが出発したニャウンシュエに戻ると、ハミンが待っていて、すぐに車はカローという町に向かった。二時間の移動中、私は疲れてぐっすり眠ってしまった。

❖春風の舟にゆられて島めぐり
❖如月の水面に浮かぶ足漕ぎ舟
❖水草の生ふインレー湖竹の家

政府の経営するホテル、民間人の経営するホテル

ビルマの北への旅から帰って来た時にヤンゴンで泊ったホテルはオーキッド・ホテルという。これはフィオスが予約を入れておいてくれたホテルだった。値段からいって中級のホテルだったのであまり期待もしていなかったのだが、いろいろと不備だった。まず壁が汚れている。最後に壁塗りしたのはいつかと思うほどだ。それにベランダがあるはずなのに、危険だから外には出ないようにと張り紙がしてある。テレビは英語の番組がないのは仕方がないとして、インターネットOKと書いてあるのに繋がらず、結局はロビーに行かなければならなかった。古いエアコンはカタカタと音がするので、とても我慢できなかった。カーテンも古く、これでは中級ホテルとは言えないのではないかと、文句も言いたいくらいだった。

しかし、そのホテルでは、あたかも高級ホテルであるかのように、舟に乗って、飲み放題のビールを飲みながら、ヤンゴン川からヤンゴンの日没を楽しむという企画が立てられていた。ホテルにいてもあまり気分がよくないので、舟に乗って、日没をみることにした。確かに舟から太陽が沈んでいく光景はすばらしかった。ヤンゴンの夜景、真っ暗な空に輝く金色の仏塔が見られて大いに満足した。さて、夜景観光が終って、船着き場からホテルのマネジャーの車で

ヤンゴン川の日没

一緒に帰ってくることになった。マネジャーもその舟に乗っていたのだった。

「どうですか、オーキッド・ホテルは？」

ホテルのマネジャーとしてどうしても聞かなければならなかった質問だったろう。そして私も、ここぞとばかりに本当の感想を言った。

「値段の割にはあまり良くないと思います」

「ということは？」

「まずＷｉＦｉが使えるといううたい文句があるのに駄目だし、バルコニーがあるのに外には出られないし、テレビは英語の番組はないし、カーテンは汚いし、エアコンはうるさくて使えないし……」

マネジャーは中国系の人で、うなだれて聞いていた。

「そうですか……。正直に言ってくれてどうもありがとう。実は私はあのホテルを政府から買い取ったばかりなんです。ですからこれからいいホテルに改良しなければならないので、お客様がどう思うかがとても大切なんです」

ホテルに着くとすぐ、マネジャーはフロントデスクに行って、次の日から私の部屋を変えるように言った。そして、どうしてＷｉＦｉが駄目なのかコンピューターに詳しい人にいろいろ聞いていた。そして、早くにその問題を解決しますからと約束した。

翌日部屋を取り替えてくれたが、まるで別世界だった。壁は新しく塗り替えたばかり。カーテンも新しいし、バルコニーには自由に出られるので、五階下の道路を歩く人や物売りの様子などを眺めることができるようになった。

オーキッド・ホテルばかりでなく、政府所有のホテルは往々にして維持がうまくいっていないようだ。バゴーで泊ったホテルも政府所有のホテルだった。この時はハミンではない、もっと若いタクシーの運転手だったが、「バゴーでは良いホテルを知ってるよ、まかせておいて」というので任せたのだが、連れていってくれたところは政府の経営するホテルだった。

最初はすごく立派だという印象を受ける。まず門番がいてチェックするし、ホテルの入口の庭がすばらしい。チェックインして部屋に行くまでの庭もまるで小さな公園に入り込んだようにきれいに手入れがしてある。ミニチュアの滝があり、鯉の泳ぐ池があり、池の真ん中には仏塔があった。四方をみつめる四体の仏陀が安置されているという中庭を通る。三階建ての建物はしっかりした建物だし、中の階段も広くてチーク材が使ってあり、床もモザイクがほどこしてある白っぽい石であった。

しかし、部屋の中に入って驚いた。広いのは広いのだが、天井に電気が一つあるだけなので暗い。テレビは古く、英語の番組はなく、画像さえはっきりしない。トイレはかろうじて水洗で、水は出てきたが、さて手を洗おうと洗面台で水を流したのだが、何と配水管がない。もっともシャワーのところについている排水口に水は流れていくからそれはそれでいいのだろうけれど、常識的には洗面台の水は、別の排水管で外に流されるはずである。ところがここではそうではない。カーテンも窓幅全部に行き渡っていないので、電気がついていれば外からまる見えだろう。でも泊り客が少ないのか、外を歩く人の姿は一人も見かけなかったので安心はしたのだが。

泊り客が少ないというのは、次の日の朝食の時にわかった。他に客は一人もいないのだ。それなのに、ダイニングルームにウエイターは五人もいる。彼等はテレビを見て、げらげら笑っていた。ダイニングルームは広く、テーブルの数も多い。そしてすべて白いテーブルクロスがかけてあり、見た目には贅沢なダイニングルームのように見えた。朝食に使っていた食器もまるで骨董品のようですばらしい。植民地時代からのものをひきついで使っているのではないかと思われた。このホテルは一般の観光客用ではなく、政府の役人の視察旅行か会議に使われるのではないだろうか。一晩だから我慢できたものの、もしバゴーに二泊するのなら絶対に他のホテルに替えていただろう。

出発の朝は運転手を待たなければならなかった。急いで出て来た若い運転手はシャンプーしたばかりの姿で出て来た。そのホテルは、運転手として客を連れてきた時には運転手は無料で宿泊できるという契約のようなものがあるのかもしれない。今までは、運転手は客をホテルでおろすと自分の宿泊所を探しに行き、同じホテルに泊ることはなかった。ハミンもそうだった。
どうして政府所有のホテルは手入れがゆきとどかないのか不思議だった。お金は充分にあるの
だから、人を雇ってきちんと維持するのは難しいことではないと思うのだが……。

❖新採に望みを託しオーキッド
❖夕月に忘れけりたる嫌な事

ついに黄金の岩へ

金の岩（ゴールデンロック）

チャイティーヨーへ行こう

「金の岩（ゴールデンロック）」のあるチャイティーヨーにはぜひ行ってみたいと思っていたが、今までチャンスがなく、今回の旅でついに行けることになった。フィオスは、北への旅と南への旅にわけ、チャイティーヨーは南への旅として計画されていた。

計画によれば北の旅から帰って三日目に出発するはずだった。朝九時出発。私は、三日目の朝、はやばやと用意を整えロビーでハミンの来るのを今か今かと待っていた。はて、九時になってもハミンの姿はない。どうしたのかなと思っていると、フィオスから電話がかかってきた。

「ハミンは三十分くらい遅れると言ってます」

「なぜ？」

私は八時には出たかったのだ。それなのに九時で大丈夫だとフィオスが言ってきたのだ。それがまた三十分遅くなる、その理由は説明してもらわなければ納得いかないではないか。

「ハミンは車を洗いたいって言ってますが」

私はいささかムッとした。車をきれいにするのがそんなに大切なことなのか。なぜもっと前にしておかなかったのか。とはいえ待つしかない。しかし九時半には来るだろうと期待していたのに九時半になっても来ない。いらいらしながら待っていたが、時間は立つばかりで九時四十五分になっても来ない。五十分になってもまだ現れない。フィオスに電話した。

「まだ来ないんですけど……」

「まだですか？　おかしいですね。もうすぐだと思いますけど……」

「でも私はこれ以上待てません。十時まで待って来なかったら、他のタクシーを見つけて行きます」

「そんなことできません。何しろあちらについてからホテルがないんですよ。ホテルはやっと取れたんですから」

「でも何とかなるでしょう。これ以上ハミンを待つことはできません」

十時になった。ハミンは来ない。それからが大変だった。急がなければならない。私はすぐさまホテルの外に出て、道に停まっているタクシーをつかまえて片っ端から聞いた。

「チャイティーヨーへ行ってくれる車はありませんか？　チャイティーヨーへ行きたいんです！」

十台くらいに当たっただろうか。やっと、「行くよ」というタクシーの運転手が現れた。六十歳代のおじいさん。ちょっと年寄り過ぎなんじゃないかと思ったが、文句も言えないので値段の交渉をし、そのタクシーで行くことにした。するとそのおじいさんは合図をして、若い男の運転手を呼んだ。

「この子は私の息子なんだ。私の代わりに運転している。まだ若いけど、経験豊富だから大丈

キンプンからトラックに乗り込む

客を乗せるはずなのだが…

チャイティーヨーの荷物運び人。前にいるのが私のタクシーの一運転手

金の岩の前の広場。日没を待つ人たち

夜にも輝く金の岩

お祈りは
最後の
最後まで

尼僧たち

境内で一夜をあかす人々

夫だよ。一緒に行きな」と言う。私は何も言えず、時間も遅くなっているのですぐ車に乗り込んだ。すると、もう一人の若い男の子が前の席に坐った。何じゃ、これは……。言葉もわからず仕方がない、まず出発！　と思ってだまっていた。

チャイティーヨーまではヤンゴンから車で五時間くらいかかる。車でいけるのはキンプンまで、そこからはトラックに乗り換えて、ヤテタウンに行く。そこまで四十五分。そこから徒歩でホテルまで行くのだが、そこから一時間はかかるだろう。こういう行程をハミンは知らなかったと思う。チャイティーヨーは仏教徒の巡礼地なので、ハミンは今まで一度も行ったことがなく、どのくらいかかるのか時間の予定が立てられなかったのだろう。私の目的は、「金の岩」を見、礼拝することもあったが、そこからの日没も見たかった。だから日没前に山の頂上に行っていなければならない。できるならば、その前にホテルについて荷物をおろし、一息して日没が見たいではないか。

この若い運転手は、うれしいことに片言の英語が話せた。それで少しわかったことは、年は二十一歳。隣に坐っているのは弟で十九歳だということ。そして二人とも仏教徒で、チャイティーヨーにはすでに五回も行っているとのこと。今回は六回目。それで安心した。目的地に行くにはどうしたらいいのかよくわかっているようだ。日没までに頂上に到着するには、経験していなければ予想はできなかっただろう。

キンプンに車をおいてトラックに乗った。そのトラックが政府のだからというわけではないだろうが、とにかく詰め込む。まるで屠殺場に連れていかれる豚のようだ。そしてそのトラックは満員にならなければ出発しないという。乗り込むのも難しいが、一度乗り込んだら身動きできない。その状態で山のガタガタ道を四十五分も揺られていくのである。途中の山の景色はすばらしいのだろうが、首を回してみることさえ難しい。

ヤテタウンについてトラックから降りた。今度はここからホテルや「金の岩」まで一時間くらい歩かなければならない。荷物を持って歩くのは大変なので、荷物を持ってもらう人を雇わなければならない。

よほど事情にくわしくなければ、戸惑うことが多いだろう。しかし、若い青年はテキパキとそれが自分の得意とする仕事のように率先して事を運んでくれるので、本当に助かった。感心もした。もたもたしていたら日没には待ち合わなかっただろう。

荷物を運んでもらい、他の参拝客に負けじとせっせと歩いたが、結局ホテルに着く前に、やっと頂上に着いたところで日没になった。荷物だけ先にホテルに運んでもらい、日没を見るためにその場で休むことにした。

「金の岩」は山の頂上にあり、そこまでは広場になっていて、全部大理石の床なので裸足で歩いても全然痛くない。

山の頂上なのにとても広い。そして大勢の人が行ったり来たりしている。特別な日ではないごく普通の週末だったが家族づれが多い。食べ物を持って来て輪になって食事していたり、子供をあやして遊んでいたり、まるでピクニックのようだ。日没をじっと見る人もいたが、何と言っても夕日ににぶく輝く「金の岩」である。

「金の岩」は、落っこちそうで落ちない不思議な大岩なのだ。大昔、大噴火でこんな大きな岩が吹き飛ばされてきたのかと想像するのだが、仏教徒を魅了するこんな話がある。

「金の岩」の上にある小さな仏塔の中には仏陀の髪の毛が納めてあるという。そのご利益であのようにバランスを保っているのだという。十一世紀に、ある隠遁者が当時の王であったティッサ王に仏陀の髪の毛を献上した。その時、その隠遁者は自分の頭の形に似た大岩を見つけて、その上に仏塔を造り、その中に納めるようにと指示したというのである。ティッサ王は錬金術師の父親と、大蛇の母親の間に生まれた子で、人間離れした怪力の持ち主だったので、言われたような岩を海底に見つけ、人間にはわからないような方法でチャイティーヨー山の頂上に持ってきて、言われた通りにその頭のてっぺんにあたるところに仏塔をたて、仏陀の髪の毛を奉納したというのだ。

それからは王をはじめとして、民衆はその仏陀の髪の毛をありがたいとあがめ続けているというのである。だからこの「金の岩」の上に建立された小さな仏塔は、仏教徒にとっては仏陀と同じくらいに貴重な礼拝の対象なのである。参拝者の中には僧侶や尼僧の姿もあるが、その理由がわかった。

日没の参拝はほんの数分で終わってしまうが、「金の岩」の参拝は夜中まで続く。私が以前に見た写真のような五人の僧侶だけが拝んでいる風景などは想像できないほどに人、人、人で埋まっている。お供え物を持った人が後をたたない。しかし驚いたことには女性はその「金の岩」に近づいたりさわったりできないのだ。女性にできることは、お供え物を遠くから捧げ、

お供え物の山
片づけるののも
また大変

家族で記念撮影

金の岩を
手のひら
に載せて

遠くから手を合わせて拝むしかない。男性は、お金のある人は四センチ四方の金箔を買い、それを金の岩に貼付けるという作業をする。それはかなり名誉なことらしい。我も我もと金箔を買い、貼付けている。

「金の岩」の回りは、食べ物のお供え物とお賽銭とローソクの火と線香の匂いに囲まれ、参拝者で一杯になるのであるが、それは夜の何時頃まで続くのであろうか。延々と続き、私が寝る前にちょっと確めるために一回りした時も、まだまだ参拝の最中という様子だった。

そういう参拝者は夜をそこで過すのだ。山頂にはすべての人を受け入れるだけのホテルはなく、数が限られているから値段も高くなり、部屋もすぐ一杯になる。あぶれた人はそのまま大理石の堅い床の上に寝る。そのために筵や毛布まで持ってくるので大変な荷物になる。だから荷物運び人は必須なのだ。

それをフィオスは心配したのであろうが、運良く私の運転手の機転で部屋は取れた。それでも五人部屋の雑魚寝なのだ。それで四十五ドル。普通のビルマ人にはとても高いと感じる値段であろう。若い運転手の兄弟はどこに宿をとったのかわからなかったが、多分大理石の床にごろ寝して夜を明かしたのかもしれない。

宿は雑魚寝で洗面所の設備も最低限度の設備しかなかったけれど、長屋のようなベランダから見える景色はすばらしかった。「金の岩」とそれを参拝する巡礼者を支える人の家々なのだろう、山の斜面にびっしりと家が並んで建っている。その中にはもちろん寺院もある。

私は日の出が見たいと思って、大理石の床の広場まで戻っていったが、誰も日の出には関心がないとみえ、私だけがあちこち走り回って日の出の見える所をさがしていた。やがて、時間がきて、太陽があがってくるのが見えたが、あいにく春靄がかかっていて、太陽はぼんやりしか見えなかったのは残念だった。それでも日の出を見に来ていたのは、五、六人ぐらいだったろうか。他の人は、朝がきたらすぐ山を下りる予定になっているのか、寝袋を畳んだり、輪を作って朝ご飯を食べたり、記念写真を取ったりするのに忙しそうだった。

朝日に輝く「金の岩」は夜とはまた違った雰囲気で人々の心を魅了していた。人々は集り、拝み、写真を取ったりして、朝日をあびた金のエネルギーを浴びて満足して帰路につくのである。私もその一人になった。あの写真のとおりに、五人の僧侶が坐ってお祈りしていた姿をそのまま実際に見た思いで心底安心したのである。

❖夕月に鈍く輝く金の岩
❖祭り日は老若男女魅惑して

ネモさんの夢

ビルマ滞在の最後の日の朝、ネモさんという人に会った。泊っていたホテルの近くにあるスーレー・パヤーで突然話しかけてきた。

日本行きの飛行機は夕方なので、スーレー・パヤーはもう一度訪れたい所の一つであった。それにホテルから近かった。それでも残された一日をどう過ごそうかと考えていたところだったので、おしゃべりをするのにはちょうど良かった。それにしても若い青年が、スーレー・パヤーで何をしているのだろうと不思議だった。会社勤めの人はもうすでにお祈りを終わらせて会社に着いている時間帯なのだから。

「今は会社に行く時間じゃないんですか？」

「ボクは会社では働いていません。大学は一応終わったんですが、どんな仕事ができるか考えているところなんです」

「何がしたいんですか？」

「ガイドか通訳になりたいんですけど、試験に通らなければならない。でももっと勉強もしたいとも思っているんです」

「今は何をしているんですか？」

「今ですか？　今は孤児院で教えています」

「その孤児院は政府の経営？　それともどこかの宗教団体？」

「この孤児院はボクのいる僧院のものです」

「僧院？　じゃ、アナタはお坊さん？」

「いいえ」

それからネモは自分と僧院と孤児院の関係を説明した。

ビルマにある僧院はこれから将来僧侶になる人が寝泊まりして勉強、修練をするところではあるが、その他にいろいろな役割をしているという。孤児院もその一つで、政府の援助もなく、僧院の経営でまかなっている。親をなくした子供はよく僧院に送られるという話は聞いたが、僧院に送られたからといって将来僧侶にならなければならないという規則はないらしい。

その他に、勉強はしたいけれど親は貧乏、アルバイトをすれば勉強をする時間がなくなるという問題をかかえる若者に宿を提供することもある。僧院から大学に通うという若者もかなりいるらしい。もちろん、宿を提供してもらう代わりに、そこで修練している他の僧侶の食事を作ったり、僧院の掃除をしたりしなければならないが、勉強時間は充分与えられるようだ。ネモもそんな若者の一人らしい。今の宿は近くの僧院らしい。今までそこから大学に通って勉強していたが、最近卒業し、これからどうしようと考えながら、僧院の孤児院で手伝いをしているのだという。大学で専攻していたのは、ビルマ文学。「ビルマ文学では教師以外の職業はないのでは？」と聞くと、それはそうなので、大学院に進もうか、それとも通訳になろうか、旅行会社に勤めてガイドになろうかと考え中なのだそうだ。英語も堪能だ。ビルマ文学に通じていて、英語も堪能だということは、成績もかなり良い学生だったのだろう。

ネモはどうして僧院から大学に通うようになったかそのいきさつも説明してくれた。それは子供時代に遡る。

ネモは、カチン州の山奥の小さな村に、仏教徒のカチン人の親のもとに生まれた。自分の生まれた村には学校はなく、隣村まで長い距離を歩いて行かなければならなかった。家は貧しく、学校にはやっと行かせてもらえたが、親としてはせいぜい小学校が終わるまでという考えだった。

隣村の学校に通い始めたネモ少年は、他の子供に比べて抜きん出て成績が良く、皆から一目置かれるようになった。その学校で教えている担任の先生はそれを見逃さなかった。

先生はネモが中学校に進めるようにとネモの親に説得したが、貧しい親は承知できるわけもなかった。先生は夫婦そろってネモを養子にしてでも中学校に通えるようにしたいと思い、とうとう親の承諾を得て、ネモを自分の故郷、マンダレーの近くの小さな町の自分の家から中学校に通わせてネモを教育した。

そこでネモは無事中学校、高校を終えたが、ここでも成績抜群で、ネモを養子にした先生夫婦は大学に通わせたかったが、二人にはそれだけの経済力はなかった。思案にくれているときビルマの僧院制度のことを思いつき、ヤンゴンにある僧院に寝泊まりさせて、ヤンゴンの大学

ネモさん

ネモさんが寝泊まりしている僧院の寮

に通わせたというわけなのである。

「いい先生に会えて良かったわねえ」

「ええ。とても感謝してます。でも自分の親も親として感謝して、時々家に帰ってました」

「それを許した新しい両親もすばらしい両親ですね」

「ええ、ボクは今までラッキーでした。だからボクもこれから社会のために役立つことをしたい」

「何を考えているんですか？」

「ボクが生まれた村にはまだ学校がないんです。まずその村に学校を作りたい」

「そうですか。でも学校を建てる経費をどう集めようとしているんですか？」

「少しずつ貯金してます。今までに二千ドル貯りました。まだまだ足りませんけどね。学校は建てられるけど、そこで働く先生の給料のことも考えなければならない」

「そうですね。一人の力ではちょっと大き過ぎる計画ではありませんか？」

「そうです。でもボクと同じ考えの仲間が五、六人います。一緒にカチンに戻って始めるつもりです」

「そこで先生になる？」

「そのつもりです。少なくとも軌道にのるまではね」

「軌道にのったら、アナタは何をしたいの？」

「勉強です。外国に留学したいです」

「外国に行って何を勉強したいの？」

「政治」

「政治を勉強して、カチンの独立運動をする？」

「いいえ、とんでもない。カチンで独立を願っているのは、中国との境界近辺に住む、ビルマに定住した中国人なんです。その人たちは現在の中国共産党と戦った国民党の人ですが、ビルマの方に逃げてきてそこに居着いた人なんです。このグループの人たちは麻薬を作っていますからね、金持だし強いんですよ。だから独立を願っているんです。でも普通のカチン人はそんなことは考えていません。普通のカチン人は貧しいです。私の生みの親のように。だからイギリスに黙認された自治国のような州だったんです。それで自治区にしたんじゃないですか。それを元中国人のカチン人は利用したんです。ワタシは平和を望んでいます。早くに政府軍と和解して条約を結んでくれれば良いと願っているんです」

「そうですね。そうでないとアナタの村に学校も建てられないものね」

「そうなんです。でもボクが政治を勉強したい理由は、この国を良くするためには政治が良くならなければならないと思うからです。今の政府は駄目です。国民のことを考えていません。政治のことを知らないと、どこをどう直して国をよくするのかよくわかりません。だから勉強したいんです」

「アウンサン・スー・チーに希望をもつことはできないんですか？」

「できません。以前には彼女に頼っていたところが大いにあります。ビルマの人々、大抵はボクと同じだと思いますよ。でも、アウンサン・スー・チーも外国旅行から帰ってから随分変りました。前に言っていたことと全然違う。だから、NLD（国民民主連盟）のメンバーも面食らうことがあるんです。もしかしたら、仲間割れになるかも知れない」

「でも今回マンダレー近辺を旅行して気が付いたんですけど、NLDは随分宣伝もしているし、次の選挙の時には絶対に勝つという意気込みが感じられましたけど……」

「そうですか。でも実際は仲間は割れているんです。本当は力を合わせて国のために働いてもらいたいんですけどね」

「なぜアウンサン・スー・チーは考えを変えたんでしょうね」

「それはやっぱり権力でしょう。権力を得るためには今の軍隊を味方に付けなければなりません。でもそうすると今までの考え方と矛盾するところが出てくる」

「アナタは政治を勉強してどうしたいんですか？」

「ボクは全ての争いを止めさせたいんです。そうするためには、ビルマにある宗教グループの代表者が集まって話し合うべきです。そしてお互いがお互いの宗教を尊敬して宗教者同士の争いをまず止めなければなりません。それは武力では解決しない。話し合いのみです。ボクはその立役者になりたいんです」

そんな風に夢を語るネモの目は輝いていた。ネモの夢はすぐにでも実現しそうな感じがあった。そして外国留学だって、現在のビルマの状況では不可能なことではないと思われた。こんな夢を語る若者がビルマには存在するということに心が躍った。そして、そのような若者に会えたというだけでやっぱりこの旅を実行してよかったとしみじみ感じた。そして、自分の夢を実行に移した中年になったネモに会うためにもう一度ビルマを訪れたい気持で一杯になりながら、帰国の途に就いたのである。

あとがき

長い間の念願がようやくかない、見たいと思っていた「金の岩」の正体をみきわめることができて、何となく心が落ち着いた感じがする。水島上等兵にはもちろん会えなかったが、日本人の墓はビルマ国中にいくつにも散らばっているので、もしかしたら、山奥へ行ったら会えたかもしれない。しかし、実際戦争を体験し、負け戦を目の当たりにし、何人もの犠牲者をそのままにしておけないというその気持は痛いほどにわかる。私は戦争の詳しいいきさつは知らないで青年時代を過ごしてしまったが、今になって知れば知るほど、何と馬鹿らしい戦争であったか、何と若い命が粗末にされ、無駄にされたか考えるだけでもそら恐ろしい。このような無惨な戦争を体験した我々はどんなことがあっても戦争をしてはいけない。もしそのような危険が出てきたら、全身全霊をもってくい止めなければならない、とあらためて心に誓った旅であった。

英語か日本語のわかるガイドを雇わなかったのは大きな失敗で、もしネモさんのような人に連れていってもらった旅だったら、どんなにか得るところも多かったろうと思う。しかし、今回の旅でも学ぶことは多々あった。一番大きな印象は国がいかに大きく、現在その国がかかえている問題がいかに複雑かということである。さまざまな民族がひしめき合って問題を大きくしているようにも思える。これらの民族がお互いを尊敬し合い、国づくりに協力し合えたら、すばらしく豊かな国になるだろうと信じている。そんな時が早くきてほしい。

この次もしもう一度訪れる機会があったら、ガイドを雇って、もっと遠くの方へ行ってみたいと思う。そしてもっと見聞を深め、もっと複雑であろう問題を理解できるようにしたいと思っている。

❖幾萬の星が落ちくる夏の夜

参考文献

ルイ・アレン『遠い戦場』上・中・下、平久保正男・永沢道雄・小城正訳、原書房、一九九五年。

『地球の歩き方　ミャンマー（ビルマ）』ダイヤモンド社、二〇一三年。

Myanmar(Burma), Lonely Planet Publications, 2011.

西岡香織『アジアの独立と「大東亜戦争」』芙蓉書房出版、一九九六年。

根本敬『抵抗と協力のはざま』岩波書店、二〇一〇年。

赤木完爾『第二次世界大戦の政治と戦略』慶應義塾大学出版会、一九九七年。

Julian Thompson, *Forgotton Voices of Burma*, Ebury Press, 2010.

Thant Myint-U, *Where China Meets India*, Faber and Faber. 2011.

Sir J. George Scott, *The Burman and Burma : A Handbook of Practical Information*, 1906.

Thant Myint-U, *River of Lost Footsteps*, Farrar Straus & Giroux, 2008.

Bertl Lintner, *Aung San Suu Kyi and Burma's Struggle for Democracy*, Silkworm Books, 2012.

著　者
ウイリアムス春美《はるみ》

1939年(昭和14年)福島県生まれ。青山学院大学卒業後、中学校の英語の教師になる。1968年(昭和43年)にイギリス人と結婚。結婚後アメリカ、インドネシア、マレーシア、イギリスに住み、1976年からアメリカのワシントンD.C.に定住。1982年(昭和57年)にジョージタウン大学大学院を卒業し、その後ジョージタウン、アメリカン、ハワード大学で日本語を教える。1997〜1998年(平成9〜10年)、イギリスにて代替医療について学び、以後アメリカにて代替医療に携わり、太極拳をシニアセンターやスポーツセンターなどで教える。
著書に、『ぶらりあるき幸福のブータン』(芙蓉書房出版、2011年)、『ぶらりあるき天空のネパール』(芙蓉書房出版、2012年)、『ぶらりあるきチベット紀行』(芙蓉書房出版、2013年)、『母なるインド』(芙蓉書房、1970年)がある。また、上毛新聞に「アメリカ向こう三軒両隣」を９回連載(1982年)、ワシントンコミュニティーニュースレター「さくら通信」に戦争体験者へのインタビュー「あの頃」を７回連載(2005年)。

ぶらりあるき　ビルマ見たまま

2014年 7月30日　第１刷発行

著　者
ウイリアムス春美《はるみ》

発行所
㈱芙蓉書房出版
(代表 平澤公裕)
〒113-0033東京都文京区本郷3-3-13
TEL 03-3813-4466　FAX 03-3813-4615
http://www.fuyoshobo.co.jp

印刷・製本／モリモト印刷

ISBN978-4-8295-0624-0